Eu, Dommenique

DOMMENIQUE LUXOR

Eu, Dommenique

lua de papel

Diretor editorial: Pascoal Soto
Editora executiva: Maria João Costa
Assessores editoriais: Bruno Fiuza e Raquel Maldonado
Revisão de texto: Vívia de Aguiar
Diagramação: Abreu's System
Designer de capa: Maria Manuel Lacerda
Imagem de capa: Wanessa Truglio

L977e Luxor, Dommenique.
Eu, Dommenique./Dommenique Luxor. – Rio de Janeiro: Leya, 2012.
192p.;14x21cm.

ISBN 978-85-8044-648-7

Memória. 2. História de Vida. II. Título.

CDD 153

2012

TEXTO EDITORES LTDA.
[Uma editora do Grupo Leya]
Rua Desembargador Paulo Passaláqua, 86
01248-010 – Pacaembu – São Paulo – SP – Brasil
www.leya.com.br

Sou Dommenique Luxor.
Dominadora profissional.
Loira.
Olhos azuis.
175cm.
64kg.
Pés 37.
34 anos.

Chegou até aqui?

Então, a partir de agora, teu nome é escravo.

Aqui está em jogo a minha excitação, o meu desejo e o meu prazer. Eu decido o quanto usarei teu corpo e tua mente, se te levarei à exaustão e ao limite.

Serás meu animal, meu capacho, meu serviçal e meu objeto. Meu corpo te envolverá numa viagem intensa e minhas ordens te conduzirão no caminho árduo da minha satisfação.

Sou corajosa, independente, bonita e sedutora. Minha boca disciplina e humilha, meus pés recebem carinho e te chutam, meu desejo é intenso e profundo. Não te darei bônus sentimentais, mas a certeza de que nasceu para servir uma MULHER.

Gosto de te ver ajoelhado, implorando por migalhas. Adoro te ver angustiado, ansiando pela luxúria que meu corpo provoca. Quero te ver no chão, pois tua obrigação é satisfazer meus sádicos desejos!

Minhas práticas favoritas envolvem bondage, CBT, tease and denial, dominação, submissão e sadomasoquismo.

Além delas, por tratar-se de um encontro que envolve erotismo, manipulação psicológica e fetiche, existe uma gama de práticas ainda sem nome, que nascem da criatividade da Domme.

Tenho muitos acessórios, entre eles: algemas e tornozeleiras em couro, coleiras, coleiras posturais, chibatas, chicotes curtos, médios e longos, arreios profissionais, máscaras, eletroestimuladores, canes, consolos de vários tamanhos e strap, palmatórias, acessórios e saltos para feminização, bodybag e straitjacket (camisa de força) em couro para os amantes do bondage, mordaças, cordas, gasmask, prendedores de mamilos, vibradores, mordaça craniana, plugs infláveis e muito mais... Como praticante assídua, adquiro novidades constantemente.

Para mim, que sou extremamente fetichista, saltos muito altos, scarpins, sandálias e botas, meias, corsets, vestidos, calças, saias, blusas e luvas de látex e couro de altíssima qualidade.

Coisas que você deve saber

Todas as regras que estabeleço refletem a MINHA forma de exercer a dominação profissional, não representando nenhuma classe, grupo ou meio fetichista ou sadomasoquista. Os únicos termos que assumidamente compartilho são da premissa SSC (encontro São, Seguro e Consensual). O resto é muito pessoal.

A possibilidade de jogos sexuais depende da MINHA vontade e excitação. Não são proibidos, mas também não são obrigatórios.

As sessões são realizadas na minha casa, onde tenho muitos acessórios.

SEMPRE pratico bondage, leve CBT (no mínimo) e tease and denial. Caso alguma dessas práticas esteja entre suas restrições, não marcaremos um encontro, pois a MINHA satisfação é obrigatória.

Para marcar nosso encontro, entre em contato pelo telefone e manifeste sua vontade de encontrar-se comigo. Após uma breve conversa, aconselharei (ou não) que preencha um questionário, que, após ser recebido e analisado, será a peça principal da minha decisão sobre a conduta a ser tomada. Registre no questionário um endereço de e-mail válido, pois através dele entrarei em contato para dar algumas instruções.

Ter clareza e maturidade acerca de sua condição fetichista, de seus desejos e possuir uma conduta que vislumbre algo além das fronteiras do politicamente correto é parte importante desse processo. A sessão é responsabilidade de ambos.

Prefiro submissos com certa prática em servir uma dominadora profissional experiente e que mantenham regularidade nas sessões ou que ao menos desejem isso. O ideal (e profundamente desejado por mim) é transformar uma sensação de alívio e prazer momentâneos num êxtase perene.

Sua presença na sessão deve ser pontualíssima. Você também deve ser impecavelmente higiênico.

Eu determino a intensidade e o ritmo da cena, sendo essa liberdade essencial à legitimidade da FemDom. O questionário e os acertos prévios são fundamentais para definirmos os limites do primeiro encontro. Dentro desses limites, embora pareça contraditório, existe uma infinidade de interações que podem ser desenvolvidas. Eu acredito que os níveis psicológicos e físicos do submisso, sob o estímulo da Mistress, estarão em constante avanço. Além disso, parte essencial do jogo é meu prazer em expandir esses limites, enquanto você mantém a confiança em mim como Dominatrix. Esteja certo de que nunca violarei as regras e nunca ultrapassarei os limites que você definiu. Da mesma forma tenho certeza absoluta do meu poder sobre seus desejos. E, surpresa: você mesmo se oferecerá para mais e mais.

Minha aparência

Me reservo o direito de me apresentar como achar mais conveniente à cena. Um de meus maiores prazeres é me preparar e seguir todo o ritual que a antecede. Nada mais natural para uma mulher fetichista.

A roupa, a parte material da cena, seu ambiente e acessórios entram no diálogo que se iniciou com o questionário. Talvez eu esteja com uma saia de couro sofisticada, cinta-liga e um par de meias lindas e ultrafetiche, ou num vestido de látex, corset e botas altíssimas. Seja como for, tenha certeza de que você estará na presença de uma linda e exigente Dominadora.

Privacidade

Compreendo perfeitamente sua necessidade de discrição, e exijo o mesmo tratamento. No nosso caso, inclusive, é algo que ultrapassa o nível da boa educação e entra no campo da ética. A melhor forma de se exercer liberdade é com privacidade extrema. Por isso, em casos especiais, outras formas de contato serão aceitas. Não exijo seu nome verdadeiro, muito menos seu endereço. Nunca entrarei em contato com você de outra forma que não a acertada previamente, e nunca o reconhecerei em local público.

Visito as cidades do Rio de Janeiro, São Paulo e Porto Alegre, ficando em apartamentos bem localizados e com vizinhança de alto padrão. Por isso, exijo que mantenha o nível de educação que demanda um ambiente civilizado e muito bem frequentado.

Minhas restrições

Decido meus encontros movida principalmente por minha sensualidade, autoridade, sofisticação, conhecimento sobre mim mesma e sobre o relacionamento D-s. Deixo claro que o imperativo é a minha satisfação — e não ouse nutrir a presunção de saber o que estimula uma mulher fetichista sem antes estar sob o domínio dela.

Também não aceito zoofilia, procedimentos com agulhas e práticas com fezes, tampouco de cunho racista. Estou aqui para me satisfazer com seu corpo e sua mente e dificilmente não atingirei meu objetivo.

Introdução

Sento-me em frente ao computador sonolenta, o sonho brumoso ainda me vem em fragmentos. Foi uma noite agitada. Nada como a visão e a companhia de uma xícara de café. A manhã está fria, e já estamos em outubro. Pelo menos meus pés ainda estão quentes dentro das meias fofas, pois meus chinelos andam perdidos pela casa. Mais um dia normal na vida de uma dona de casa levemente bagunceira. É, eu sou dona de minha casa.

Um e-mail me chama a atenção entre os vários que recebo diariamente. A caixa está sempre cheia, já que meu endereço está na internet, não por acaso.

Fico excitada e entusiasmada com o conteúdo que me promete um ótimo dia de trabalho. Há algum tempo resolvi mudar de profissão, e confesso que foi difícil. Um campo de trabalho muito novo no Brasil, tive que me desenvolver por mim mesma, bolar as ferramentas, fazer a divulgação e, principalmente, me apresentar de forma a atrair parceiros compatíveis. Uma verdadeira empreitada para viver da maneira que sempre sonhei: um cotidiano prazeroso, um momento emocionalmente presente, consistente, vívido e lúcido.

Respondo ao e-mail de imediato, pois reconheço o potencial do remetente. E ele já havia tentado outras formas de contato. Há alguns meses havíamos falado por telefone, e tudo indicava o sucesso do encontro. Tínhamos expectativas em comum.

Não esperei um par de horas e a mensagem chegou ao meu celular. Tudo estava conforme eu havia planejado, e eu teria o tempo necessário para tornar a atmosfera densa a ponto de cortá-la com uma faca.

Eu estava acordando, abrindo meus olhos de verdade, ficando mais lúcida. Fui me despindo das meias, do pijama leve que cobria meu corpo, sacudi meus cabelos e senti o perfume no ar. Olhei meu corpo nu no espelho e o desejei. Olhei para a carne e a desejei muito. A lucidez aumentava, e eu já via o objeto que estaria ao meu lado em algumas horas, servindo esse corpo que eu admirava. A ideia de ver meu corpo estremecendo de prazer me excitou, e senti o poder que eu tinha sobre ele.

Sim, o poder é todo meu. Sou dona de minha casa. De meu corpo. De meu prazer. E dona de meus objetos. Dona. Senhora. Madame. Mistress. Rainha. Deusa. Dominatrix. Domme. Dommenique.

Existe todo um ritual para a personificação de Dommenique. Enquanto mantinha a ideia de meu corpo sentindo prazer, algumas imagens já surgiam, encadeando-se, tornando-se complexas, complementando-se umas às outras enquanto eu olhava meu guarda-roupa. Uma narrativa explícita, uma história mental onde eu era a personagem principal e atuava em frente a uma dúzia de pares de sapatos altíssimos, reluzentes, lustrosos. Sim, esse ficará bom, servirá exatamente para o que eu quero.

E o látex, ah, sim... Látex no par de meias, pois meu prazer hoje está na contemplação e no uso ocasional de algum objeto.

Látex nas ligas, na blusa e no corset que seleciono. Muito látex negro, em contraste com minha pele branca e cabelo loiro.

A luz já estava suave, cortinas fechadas, e meu vaivém pelo quarto exalava o cheiro da borracha e dos sapatos usados, misturados ao odor do meu corpo. A música já estava tocando; como é boa essa música!

Os espelhos ao meu redor só fazem refletir meu corpo nu na luz morna, enquanto roço minhas pernas e preparo a cena para mim. Sinto um calor confortável em meus pés, que segue a linha interna de minhas coxas e sobe até o ventre. Quero me vestir de mim mesma, ser aquela carne que vejo no espelho. Olho para as roupas dispostas na cama e as desejo, quero senti-las.

Sinto o toque das meias de látex. Sentada na ponta da cama, diante do espelho, subo aquele toque firme pela perna, um invólucro a vácuo até a coxa. Como fica bonito. Acaricio as meias, viro o corpo em frente ao espelho, para vê-las melhor. Passo as mãos pelas meias repetidas vezes com a desculpa — isso sempre me vem à cabeça — de alisá-las e grudá-las às minhas pernas. O brilho da luz cálida está lindo, e visto a blusa de borracha. Fecho o zíper até o início dos seios, quero que eles apareçam um pouco. Coloco o corset e calço os sapatos, ajeitando os quadris e tomando posse daquele corpo no espelho.

Batom vermelho na boca, passo a língua entre os lábios que eu desejo. Balanço os cabelos em desalinho, quero cabelos livres, de uma mulher que acorda de uma noite quente e agitada. Cílios carregados de rímel, sombra escura e esfumada, acentuando o azul do olhar dardejante. A boca entreaberta, agora minha, deseja que esse homem chegue logo. A boca está bruta, apaixonada, já ultrapassou a barreira de pureza que tantas mulheres constroem em torno de si; está incontida, dominante, livre; e o que torna isso tão bom é a sensação de completo desprendimento sexual. Essa boca não deseja mais aquela xícara de café.

A dona de casa caminha altiva pelo quarto. Ouço os sons dos saltos poderosos, olho para meu corpo diretamente e o desejo assim como ele está. A música da Peaches é ótima para sentir minhas mãos lustrando minha cintura de borracha; as mãos controladoras perdem o controle com os volumes e curvas por onde passam encharcadas de óleo. O brilho do látex me domina e hipnotiza, e num frenesi não consigo parar de deslizar as mãos pelas curvas sob a minha segunda pele. E isso fica delicioso a ponto de eu voltar ao espelho e dessa vez me ver ali. Eu mesma, Dommenique, a dominadora, a mulher, estou livre e descontrolada. Controle? Isso eu assumo sobre os objetos que estão por aqui, na minha casa. Eles também são meus e faço deles o que quiser.

Uma batida na porta. Com certeza ele ouvirá os saltos cada vez mais perto, até que eu apareça, triunfante e cheia de tesão. O jogo começou.

Capítulo um

Pelo olho mágico, simpatizo com ele.

Abro a porta do flat onde me instalei em São Paulo.

Jaqueta de malha, calça de moleton, tênis All Star, óculos. De acordo com o tipo publicitário que eu estava esperando. Por milésimos de segundo, penso que não deveria mesmo estar mais arrumado que isso e sim à vontade. Como ele disse, um cara jovem, que já tinha provado suas amarrações, experiente com outras dominadoras.

Enquanto ele se ajeita no sofá, sento em frente a ele. Continuamos olhando um para o outro, desfrutando da tensão inicial. Talvez ele estivesse lutando com seus pensamentos, mas logo minha elucubração se dissipa e foco na rigidez do seu corpo. Está um pouco nervoso e, na tentativa de controlar o stress, fica mais ainda retesado.

"Como está Carlo, tudo bem?"

"Tudo ótimo, e contigo?"

"Tudo bem. Como descobriu a minha existência?"

"Internet. Digitei dominadora profissional e saí catando algumas coisas. De repente, me deparei com o seu site."

"E o que achou?"

"Bom. Suas fotos são bonitas, tudo muito bem explicado. Seu rosto não aparece, mas não me decepcionei. Posso fumar?"

Ele se acomoda melhor no sofá e estica a mão para pegar o cigarro no bolso. As cortinas vão ficar fedorentas, um pensamento relâmpago. Depois dou um jeito nisso.

Que merda, ele mudou o tom de voz. Está um pouco debochado. Depois da primeira tragada, me olha fixamente e dá um sorrisinho cafajeste de canto. Quer ser surpreendido, diz ele. Ótimo, tenho algo para me divertir, finalmente. Homens assépticos geralmente não correspondem num encontro, não reclamam, não me desafiam, não se debatem, não dão margem à dominação psicológica.

"Bom Carlo, já nos falamos algumas vezes por e-mail. Você sabe das minhas restrições, e eu sei das suas. Não tenho muitos tabus, mas o espaço não permite que a gente brinque com sangue, escatologias, suspensões. Tudo que é contra a lei, é contra nós; portanto, estamos fora dessa, eu e você."

"Concordo."

"Também já falei que sou bastante fetichista. Quero que me diga claramente quais são as suas restrições, pois, quando entro no jogo, fico absorta na cena. Não preciso saber da sua vida pregressa para intuir que você merece estar preso e receber as punições que eu vou escolher pra você e executar com muito prazer. Afinal, temos os mesmo desejos. E você sabe que veio aqui pra isso mesmo, para realizá-los. Então deixe bem claro as suas restrições, que vou anotar tudo mentalmente. Assim, não corro o risco de estar quase gozando e ouvir da sua boca um: 'Senhora, isso não.' É superbroxante."

"É. Bom, já disse as minhas restrições... São aquelas que enviei pelo questionário. Nada de chuvas, de nenhum tipo, nada de inversão. Espancamento muito pesado também não. Nada disso *num primeiro momento*."

Notei que frisou com a voz e o olhar o final da frase.

Espancamento pesado... Muito relativo, penso eu, e pergunto:

"E marcas?"

"Marcas podem, estou solteiro."

"Ótimo. Levanta e tira a roupa pra mim. Quero te vestir, te ver do jeito que eu gosto. Como eu disse, sou fetichista. O fetichista é visual, material; estamos conversando normalmente, mas, quando você estiver do jeito que eu quero ver, as coisas mudam de figura. Aí você é meu."

Aquele ar debochado estava começando a me irritar. Mas não, isso não é ruim, pelo contrário. E bom, torna tudo mais real, sensibilidade à flor da pele. O jogo de poder se instala assim, com desafio e competitividade, cada passo tem a sua microfísica, o cérebro trabalha sob pressão e reage em frações de segundo, não é uma jogada ensaiada.

Casaco, calça, camiseta, tudo dobrado em cima do sofá. Não ouço um "sim, senhora" típico e clichê, e fico na minha. Melhor assim.

Mando que coloque as algemas e tornozeleiras de couro e a máscara de látex, com coleira postural. Ai, assim está lindo. Dou um suspiro de satisfação antes da ordem:

"Cueca e meia também são roupas. Tira tudo."

Eu sentada, vejo um homem duro à minha frente. Um homem para MIM, excitado. Tem um pênis bonito, maior do que pensei, desproporcional ao corpo magro e meio caído, embora ele seja um cara dos seus trinta anos. Típico sedentário paulistano. Está ali, ereto. Certamente sente-se ameaçado de alguma forma: ou pela minha imponência e clareza, ou pelas memórias de outros encontros, reais ou imaginários. Talvez pela expectativa. Mas está ali, e não há deboche que me leve a não entender o que o pau dele me diz. Não vou ficar pensando muito no porquê das coisas, vou jogar e induzi-lo ao que ambos queremos.

Levanto e me aproximo dele. Está uns 15 centímetros mais baixo que eu, e me curvo para sentir o cheiro do pescoço e o hálito alcoólico, passando levemente os lábios e fungando na orelha por baixo da máscara, para sentir o cheiro do látex. Bebeu umas antes de vir. Não é aconselhável, mas ele parece estar bem alerta e deixo rolar; minhas unhas já estão percorrendo o peito dele devagar, eu não resisto. Sinto que fica nervoso, mais duro, ansioso. Não está relaxado, e nem deveria.

"Você já leu bastante sobre mim... Sabe do que eu gosto, não é?"

"Sim."

Ok, vamos seguir o protocolo clichê e ver o quanto ele leva a liturgia a sério. Tomara que não muito. E digo:

"Sim, Senhora."

"Sim, Senhora", ele repete.

Debochado. Que bom, não leva a burocracia sexual a sério. Ótimo para nós. Tenho a chance de lidar com uma mente aberta à submissão real, à anulação da vontade. Vejo que não está apenas disposto a tentar. Quer perder o controle, cair.

Meu corpo de látex está grudado no dele, quente. Sinto as bolas e o saco de pentelhos ralos e finos, encho a mão e cravo as unhas levemente. Com as bolas bem presas entre as unhas, caminho altiva até a frente do espelho e o arrasto, sem resistência. Fico por trás do meu objeto, rosto bem colado ao dele, bochecha com bochecha, apreciando a vista do homem na minha mão. Puxo a mão por trás, segurando firme nas bolas, que já estão duras e pequenas, balançando o pau liso e duro, a glande superexposta.

"Viu o que tu é? Viu o que tu foi capaz de fazer? Entrar por aquela porta, capacho; para me servir. Tá olhando bem a mulher que eu sou e o homem sem vergonha que você é? Que vai ser usado e ainda vai agradecer? Agora isso aqui é meu, tá vendo? Tá vendo balançar?"

Aperto mais as bolas, e ele dobra os joelhos, ouço ele resmungar entre os dentes:

"Sssssim, Senh... aaai..."

Ah, como é bom dar um sorrisinho legítimo de satisfação. Que delícia. Ele está pronto para mim.

"Pega o óleo. Tua obrigação é me deixar linda, reluzente, e cuidar da roupa que está no meu corpo."

O óleo, claro, está à mão. Deixo tudo preparado, não quero nenhuma interrupção para sair procurando coisas na minha mala bagunçada. Fico em frente ao espelho e ali está ele, com as mãos oleosas espelhando meu corpo inteiro, de joelhos atrás de mim. Empino bem a bunda para ter o prazer de ver a silhueta do meu corpo, balançar meus cabelos e me deliciar com as mãos do capacho duro.

"Esfrega mais, quero que fique lindo!"

Forço o traseiro para trás, empinando muito. Ele esfrega a cintura e desce para a bunda, com as mãos espalmadas espalhando o óleo. Como adoro me ver assim. Me seguro na parede e começo a rebolar diante do espelho, aproveitando a massagem das mãos do escravo. Ele lustra a pele e o látex.

"Viu que delícia? Ainda bem que existem mulheres como eu, que curtem capachos como tu... Senão, o que seria de ti?"

"Obrigado, Senhora."

Sinto a frase automática. Nem ele sabia o que dizia, simplesmente falou. "Sim, Senhora", foi a resposta automática de um homem absorto que se libertava cada vez mais, abrindo campo pra que eu invadisse e aniquilasse suas defesas, uma a uma.

Rebolo mais.

Ele fica mudo, concentrado e tenso, o pau latejando. Puxo a cabeça mascarada e enterro na minha bunda. Esfrego bastante, fazendo questão de que ele olhe bem no espelho sua posição de quatro, com as fuças enterradas numa bunda branca e oleosa.

"Quero que sua máscara fique bem brilhosa, machinho. Isso, pescoço molinho pra mim, vou lustrar sua máscara com a minha bunda. Tu tem que estar lindo pra mim, quero tudo perfeito!"

Tudo como eu imaginava. Estou com a bunda cheia de óleo, e o líquido quente que escorre da minha vagina se mistura, começando a exalar pelo ar quente do quarto. Estou hipnotizada pela cena que vejo no espelho, e cerro os dentes gemendo e esfregando a cara do homem no meu traseiro.

"Bom, capacho, está cada vez mais duro e pingando! Isso... Assim que eu gosto, meu guri. Bem lustradinho."

Preciso parar, senão quem vai se acabar sou eu. Estou usando meu corpo, e isso se reflete na minha libido diretamente.

"Te levanta do chão."

Dou uma respirada. A partir daquele momento, o cara que entrou falando pouquíssimo está completamente mudo... E assim vai ficar. Eu controlo a situação. Ele já está à vontade, já é um nada, um pau à minha disposição, um comandado.

Um sorriso vem ao meu rosto e olho profundamente nos olhos dele. O bafo do cigarro e do álcool já está vencido e não me incomoda. A lembrança dos rosnados de reclamação quando apertei as bolas dele e agora o comportamento mudo, sem linguagem articulada, sem clichês para agradar, e a forte ereção reforçam ainda mais a obsessão pela cena que imaginava com ele e que viria a reforçar sua condição: vê-lo preso, totalmente à minha mercê e sem vontade própria.

Ele me olha de volta e vê que eu estou muito excitada, sente meu cheiro. Passo a mão entre minhas pernas encharcadas e enfio na boca dele, que suga meus dedos até sentir minhas unhas arranharem o céu da boca. Sente meu gosto, e está pronto.

Não tenho certeza de que ele percebeu plenamente no que estava se metendo, mas está tenso com a ereção e sente que será divertido — e que eu vou me divertir ainda mais.

Pego a camisa de força — uma peça pesada, de couro reforçado — e abro na frente dele.

"Isso você não comprou aqui no Brasil, né?"

"Não comprei. Eu mesma fiz. Chega um momento na vida em que os desejos começam a importunar. Começam a interferir no cotidiano. Você não vai ficar devendo nada pra ninguém, tem que satisfazê-los... Senão está perdido. O que está oprimido explode. Eu gosto disso há muito tempo, não ia me dar ao luxo de gastar uma nota preta e ficar dependendo de site gringo pra comprar. Foi bom. Acabei fazendo exatamente com as fivelas, correntes e argolas que eu imaginava. Quero um homem preso que se angustie, que tente se soltar, que se sinta ameaçado de verdade. Senão, qual a graça?"

"Sim."

Visto meu escravo em frente ao espelho. As imagens nos fazem bem, de tantos filmes que vemos. Passo os braços dele ao redor do corpo e prendo atrás. Fivelas prendem a peça às coxas, para que não possa ser tirada por cima. Ele tem que se ver assim: mascarado, encoleirado, preso numa camisa de força.

Passo uma corda pela coleira e pela tornozeleira, para que fique com os pés bem juntos e não possa se movimentar; prendo a uma argola fixada na porta do banheiro trancada, para não ter perigo que ele se revire e abra a porta sem querer, vindo a cair para trás. Não iria se machucar muito, mas certamente cortaria o meu tesão. Quando passo os olhos pelo pau, vejo que está meio broxa.

Eu tinha gostado dele, isso não podia mais acontecer. Queria aquele pau sempre duro para mim, de um jeito ou de outro.

Chego bem perto do ouvido dele, roçando minha pélvis, ameaçando, esfregando, e aviso:

"Quero esse pau sempre duro pra mim. Eu gostei dele, é bonito. Quando eu o ver mole, vai apanhar."

Bastou. Ele começou a pulsar novamente para tentar a ereção. Já estava preso. Peguei o óleo e encharquei as mãos, sentada na frente dele, o pau bem na minha cara.

"Oh, meu guri... Tem que ficar duro pra mim!"

Envolvo o pau dele, com uma das mãos puxando a pele até o saco mole e expondo bem a cabeça, que aliso com a outra mão. Fecho a palma bem de leve, fazendo um movimento de vaivém só na cabeça, um barulho gostoso da mão sugando.

Ele cerra os olhos com força. Em segundos está duro.

"Não quero que goze, quero que fique duro, entendeu?"

"Sim..."

Ainda seguro a base do pau, agora o saco está rígido, e aperto mais para minha mão não escapar. Ele range os dentes.

"Sssssssss... aiiii..."

"Viu... Assim que eu gosto do meu guri... Bem duro pra mim."

Balanço o pau dele pela base, não resisto e dou uns tapas na cabeça superirrigada, grandona; o som dos tapas me excitam muito, junto com as reclamações entre dentes dele; ele se contorce e tenta fugir, mas está preso.

Estapeio mais e mais, dou risada e me divirto com aquilo... Abro bem as pernas para deixar minha vagina livre, escorrendo, meu clitóris duro pulsando.

Como ele reclamava gostoso! Sentia dor de verdade.

"Viu, seu capacho sem vergonha... Viu como tu gosta? Quanto mais eu bato no teu pau, mais duro ele fica, seu safado! Capacho de mulher, vou me aproveitar de ti, seu miserável!"

Aperto e bato no pau dele, até esquentar bem a mão... Não resisto a fechar a palma em torno da cabeça superdura e descer por toda a extensão da pele lisa e socar de leve aquele homem vadio.

"Ah, não... Assim eu gozo, ah, não..."

"Não pode gozar!" E parei naquele momento, louca de tesão.

Fiquei um tempo olhando de longe, tive que me afastar. Se apertasse as coxas, gozava na hora. Não sou exatamente sádica. O que dá muito tesão é ver um homem angustiado, se contorcendo, reclamando. De tesão ou de dor, pouco me importa. Entregue e sem saída.

Sentei para apreciar a vista. Que lindo objeto. Estava muito desejável daquele jeito. O pau apontando à frente, com uma gota que descia aos poucos formando um filete que reluzia e balançava quando ele pulsava, os braços já se contorcendo para tentar mudar a posição incômoda, os dedos dos pés rijos, num arremedo de equilíbrio, a camisa de força exalando cheiro de couro e suor, a cabeça de lado, com a máscara de látex brilhosa, engomada em algumas partes e em outras suja de batom e língua; eu com as pernas bem abertas sentindo meu cheiro subindo até minhas narinas.

Deixei-o um tempo naquela situação. Precisava me acalmar e ter o controle novamente... Estava hipnotizada pela minha obra de arte. Dei uma olhada pelo quarto e me deixei absorver novamente pela cena. Meus instrumentos de spanking enfileirados, o espelho sujo com marcas de mãos, bunda, óleo, a mala no canto, a música estava mais calma. Eu estava mais calma.

Quando me dou conta, já está tocando Sonic Youth. Não sei quanto tempo se passou, mas aquilo me desperta e excita, me deixa alerta. Meus olhos se voltam para o meu objeto, preso na porta do banheiro. Ele nota que eu o fuzilo com os olhos, e enrijece o corpo. Sente que está na hora, e que não está preparado. O pau não está do jeito que eu quero. Olho rapidamente para os meus instrumentos de spanking e saco a palmatória. Em questão de segundos estou grudada nele, muito perto de seu rosto.

"Eu falei que ia te bater se não estivesse sempre de pau duro. Aqui as coisas são bem claras. Nada como estar com uma dominadora; o que é dito, é feito. Não precisa interpretar nada, nem entender a cabeça da mulher, é tudo bem literal."

Ele suspira resignado, um pouco revoltado. Ensaia uma reclamação, mas fica nisso.

"Vira. Agora."

Ele vira nos calcanhares e na coleira, apertando mais as cordas. Empurro lentamente a minha mão entre as pernas dele, para pegar no saco quente, e sinto que já está no ponto. Roço as unhas na glande e ele pende a cabeça até encostar a testa na porta, num baque surdo. Rosna novamente, sem dar um pio. Não podia mover os braços nem as pernas e tinha a bunda exposta para mim, não tinha escapatória.

"Olha só, seu macho capacho safado: viu onde tu está? Vai apanhar da mulher que é dona desse corpo de puto oferecido. Vê só, vê como tu tá duro esperando pra apanhar. Gosta mesmo! É o momento, percebe? Gosta né, safado?"

Corro a mão apertada da cabeça até a base do pau. Ele está bem ofegante, com a voz baixa e entrecortada:

"Gosto."

"Pois é homem do teu tipo que eu quero... E sou bem aproveitadora! Um capacho vadio com essa bunda de fora merece uma boa de uma surra!"

Mal passei a mão na bunda dele e já puxei a argola de trás da coleira, forçando sua cabeça para trás.

"Vou me apoiar em ti, pra bater com mais força."

Ele aperta as nádegas.

Bato uma, duas, três, quatro, cinco.

Ele rosna, se contorce.

Seis.

A palmatória estala. Puxo mais a coleira e calço o salto na parede para me apoiar melhor.

Sete, oito, nove, dez.

"Não foge e relaxa essa bunda, senão apanha mais. Reclama, escravo vadio!"

Onze.

Doze.

Ele continua de boca fechada, rosnando cada vez mais alto e apertando os lábios, contraindo a bunda.

"Reclama, desgraçado!"

Treze, quatorze, quinze, dezesseis, dezessete, dezoito, dezenove, vinte de uma vez só.

A bunda vermelha pegava fogo, os poros arrepiados de dor pareciam espetos vermelhos. Ele solta as pernas e relaxa o peso, a boca aberta. Sinto o nariz trancado e a respiração forte empurrando o pigarro seco da garganta.

Me afasto para apreciar a cena. Estava bonita. O homem tinha uma forma de reclamar e de se contorcer que eu gostava demais. Me aproximo lentamente e toco nas nádegas. Ele dá um pulo, assustado. De relance vejo a porta do banheiro suja dos pingos de porra que saíram do pau prensado durante a surra.

"Calma, meu guri. Olha aqui como eu estou molhada."

Ele chupa meus dedos encharcados, umedece a garganta, o coração parece que vai saltar pela boca. Esfrega o pau na porta, querendo gozar. Puxo mais a coleira.

"Vem cá, vem pra tua Senhora."

Viro meu escravo de frente e molho mais minha mão, passando pela glande inchada. Ele se contorce, quer alívio imediato.

"Vem cá pra mim, meu capachinho."

Passo o pau entre minhas coxas úmidas e, me olhando no espelho, grudo o rosto na máscara.

"Olha ali no espelho... E fica parado!"

Com meu rosto grudado no dele, lambo e beijo bem a boca daquele ser, enfio a língua naquela boca seca de hálito alcoólico, sinto aquele objeto se contorcer e gemer no meu ouvido, implorar de boca fechada pelo alívio; mordo a boca e bato muito naquela cara oferecida. Bati tão forte que ouvi:

"Aaaai! Aai! Ai! Hummmmpf!... Ai!!!! Ai!!!"

"Isso, reclama... Reclama! Que delíciaaaaa... Viu, capacho safado?!?!?! Sentiu como eu também gosto?"

E gozei, mostrando os dentes para o espelho, extasiada.

Esticada no sofá, vi ele puxar a descarga do banheiro depois de vestido.

Me deu um beijo no rosto e um tchau ao chegar à porta. Já fazia as coisas sozinho. Antes de sair, diz:

"Espero que tua estada aqui seja boa. Seja bem-vinda à cidade."

Capítulo dois

"Você está tão bonita hoje, querida. Está provando pra mim o quanto está disposta a me satisfazer."

A menina estava sentada na minha frente. Já estava um pouco desgrenhada, mas tinha cumprido tantas obrigações que eu me perguntava se poderia continuar com aquilo por muito mais tempo. Sentiria falta dela, no final das contas... Era um tesãozinho.

A coisa toda começou umas semanas antes, quando ela me ligou e eu dei uma puta bronca por não ter me enviado o questionário. Não que eu não facilitasse o acesso ou fosse superinacessível, mas como estava disposta a ser profissional me propus o mínimo de organização. Eu precisava saber quem iria me agradar, quem era interessante. Embora muita gente enviasse formulários de apresentação totalmente falsos só para saber valores ou se divertir, tinha uma boa parcela de pessoas de verdade, boas e más.

Não estava a fim de fazer simples atendimentos e viver uma vidinha normal, queria encontrar pessoas adequadas. Esse era meu plano. É uma diferença sutil e ao mesmo tempo crucial, pois se trata do meu ideal de vida. Tudo bem, é um serviço pago, mas não sou obrigada a aceitar qualquer um. Não sou nenhuma louca-chinelinho-de-couro-marxista, precisava de dinheiro para montar meu projeto; mas manter meu cotidiano prazeroso e de acordo com minhas regras era essencial e eu estava esperançosa de que isso se cumprisse; faria a minha parte.

Eu tinha algumas restrições, e as deixava claras: nada que envolvesse fezes, sangue e animais. E mantinha o propósito de não atender quem eu não estivesse a fim. Mas encarnaria o papel de executora, e faria qualquer prática para atingir meus objetivos. Afinal, sou ou não uma mulher libertária e sem tabus? Seria fácil se eu conseguisse encontrar as pessoas certas. Cheguei na cidade com a esperança de, literalmente, encarar um trabalho e fazer um caixa para realizar meu projeto.

Sei que emendamos um papo bem legal e ao final de trinta minutos eu estava bem interessada nela e em toda aquela devoção que parecia verdadeira. Não estava querendo provas da real intenção, e sim do que ela poderia oferecer com aquele teatro todo. Um momento de esquizofrenia induzida e controlada sempre faz bem, e entrei no jogo. Já estava à vontade com a minha cadelinha.

Nos encontramos algumas vezes, foi aquela loucura total. Muito beijo borrado, muita lingerie, saltos altos pra lá e pra cá, ela se entregava e gemia feito uma gata que acorda os vizinhos de madrugada.

Então a coisa saiu das quatro paredes. Depois de ficar de quatro para mim tantas vezes, Alice comportou-se como uma escrava ali, na padaria da esquina de casa:

"Eu não sou tão valiosa, minha Deusa. Eu não posso nem ao menos lamber os pés da cadela que você merece ter."

Ai, safada... É uma cadela mesmo. Era tudo que eu queria ouvir.

Poucos minutos depois, estávamos em casa, e Alice estava de joelhos, com a cara enterrada nas minhas coxas. Segurei seus cabelos com uma mão e cravei os saltos pontiagudos nas costas dela, puxando-a para mais perto de mim. Tirava sua cabeça às vezes, para cuspir na boca sem batom e vê-la com os beiços inchados pelos meus pentelhos um pouco crescidos. Fiz com que voltasse para minha virilha, eu já querendo dar uma puta gozada na cara daquela cadela. Levantei de repente e enfiei a mão no meio daquelas calças justas, e ela gemeu. E geme gostoso essa puta... Uma baita vadia. Se acendeu toda, mal toquei na bunda dela.

Eu já não conseguia nem caminhar muito, minha vagina estava muito inchada e eu não queria nem roçar uma perna na outra para não gozar. Sentei novamente e a puxei pelos cabelos pretos. Enquanto ela me chupava, empinava muito a bunda, arqueava as costas e rebolava, me deixando ver o volume enorme querendo saltar das calças jeans. Empurrei a menininha com os pés, ela caiu sentada no chão com as pernas bem abertas pra mim. Passei o scarpin no meio da virilha da minha cadela, forçando a sola para sentir se estava bem dura.

"Você é muito vadiazinha, né? Tá dando a bundinha por aí?"

"Não, minha Deusa... Sou toda sua, sou apertadinha, a Senhora sabe."

"Abre a calça pra mim, cadela. Quero ver."

Toda babada e com os olhos pegando fogo, ela abriu cada botão da calça jeans.

Estava de calcinha, a piranha. Vermelha.

"Andou o dia inteiro com essa calcinha enterrada na bunda, não é?"

"Sim, minha Deusa."

O pau estava duríssimo. Essa vadia tem um pau enorme, que obviamente estava pra fora da calcinha minúscula. As veias saltadas, a cabeça um pouco menor que a espessura do resto, o saco todo depilado e bem pequeno, que quase nem se nota debaixo do pau.

"Pega na cabecinha dele, pega. Mostra pra mim como tu faz sozinha."

Ela passa a mão em minha vagina e umedece a cabeça do pau, mexendo só na cabecinha. E geme muito gostoso, esfregando a bunda no chão, encostada na parede e segurando o saco com a outra mão, com os dedos lá atrás. As pernas abertas e a cara de tesão me deixam louca. Com as calças jeans arriadas até os joelhos, ela abre as pernas e deixa os músculos da barriga saradíssima à vista enquanto se contorce.

Que tesão esse homem safado! Veio aos poucos, me conquistando, abrindo a guarda e agora está aqui na minha casa, andando de quatro toda semana. Nos primeiros dias, eu mandava que lambesse e massageasse meus pés e me servisse oralmente depois de lavar minhas calcinhas sujas e limpar todos os meus sapatos — com a língua enorme. Alguns encontros depois, não andava a não ser de quatro na minha presença, rebolando aquela bunda carnuda pra lá e pra cá. Logo já usava uniforme de empregada e uma calcinha minúscula enterrada. O divertimento era limpar o chão, sacudindo a bunda empinada de um lado pro outro.

Impossível não lembrar do meu passado, antes mesmo de saber o que era BDSM.

Eu já tinha tido alguns namorados, poucos; nada durava muito, pois enjoava rapidamente do padrão "namoro de ser". Eu tinha, isso sim, amigos — parceiros de crime. Nunca andei em bandos, tinha amigos pontuais e dedicados, cada qual agregando experiência rica de liberdade erótica. Com eles, cada um a seu modo, eu tinha uma relação muito íntima, cúmplice, doávamos um ao outro um pouco de nós mesmos, dos tédios, paixões, inseguranças e crueldades.

Um deles foi muito ligado a mim. Nos falávamos todos os dias pelo telefone. Horas e horas conversando, ele 17, eu 18. Um guri quieto, amoroso, mas também muito persuasivo. Passávamos o dia de góticos ouvindo música, trocávamos de roupa um na frente do outro, e ele cuidava do piercing gigantesco que tinha na glande.

Saíamos juntos todo final de semana, ele sempre uns passos atrás de mim, eu sempre decidindo tudo, naturalmente. Na minha presença, ele andava o tempo todo de ombros encolhidos e esperava meu olhar de aprovação; éramos emocionalmente ligados. Em lugares muito opressivos ou cheios, boates e bares entulhados de gente, abria o peito e as narinas e seguia resoluto, abrindo caminho para mim, em parte usando sua masculinidade e em outra usando sua aparência freak pra assustar as pessoas que, automaticamente, se afastavam dele.

Ele chorava e falava de seu tio que havia se suicidado. Mostrava os cortes que fazia na própria carne e mantinha em casa todo o equipamento para colocar piercings. Com aqueles olhos azuis lindos, ajoelhava à minha frente quando eu estava sentada na sua cama repleta de caixas de Marlboro e latas de Coca-Cola e implorava, sorrindo, que eu o furasse e colocasse uma joia. Achava aquilo lindo e fazia com prazer. Via a felicidade no rosto dele.

Íamos a feiras de moda alternativa, onde ele comprava colares e roupas para mim, e como ficava radiante em me presentear! Numa dessas feiras, um expositor vendia botas superaltas, com plataformas enormes, e não saímos de lá enquanto ele não comprou uma para mim.

“Nossa, muito linda essa bota, olha o salto! Mas vai ser superdifícil de usar, como andar de ônibus com isso?”

“Ah, por favor, vamos comprar, vamos, vamos!”

“Mas onde eu vou usar?”

Eu já trabalhava naquela época e ganhava pouco, claro. O pensamento utilitarista era automático, mas o desejo de tê-la era grande.

"Não importa. Vamos... Vamos comprar."

"Eu não tenho grana, tu sabe."

Aí ele se ajoelhou na minha frente. O lojista só olhou de canto e deu uma risadinha, pensando obviamente que ele estava alucinado. Feira alternativa, gente tatuada, música eletrônica e bando de jovens era uma equação elegante e simples igual a drogas. Mas não era o caso.

"Por favor, eu te imploro! Não vai gastar teu dinheiro, eu que vou te dar essa bota. Vamos, aceita, por favor!"

E com o pescoço de lado, o olharzinho pidão de guri de 17 anos, juntou as mãos e parecia rezar na minha frente. O lojista continuava olhando e não se conteve:

"Compra, moça, olha o garoto aí."

Eu nem olhei pro cara, tantas emoções enredadas e densas que trespassavam o politicamente correto e o racional. Estava de braços cruzados em frente ao guri ajoelhado à minha frente. E nada me tira da cabeça que existe um código cultural muito anterior a mim que automaticamente faz do ajoelhado um joguete nas mãos de um algoz. Me senti poderosa: neguei. E neguei com justificativas, pra vê-lo ainda mais desesperado, mais suplicante.

"Eu já disse que eu não quero. Para com isso. Levanta daí."

Falei justamente porque sabia que ele não ia levantar. Queria mesmo era vê-lo insistir, sofrer, e ansiava muito por isso. Queria que ele sofresse de verdade. Queria que ele sentisse psicologicamente o que tentava sentir na carne toda furada e tatuada.

"Oh, poooor favorrrr... Eu te dou. Vamos, aceita."

"Não, deixa de ser ridículo."

"Sim, diga que sim. Eu faço o que você quiser."

Parei um minuto, quebrei o quadril para o lado e coloquei as mãos na cintura.

Lembro nitidamente dessa cena. Ele sofria. E eu, triunfante nos meus 18 anos, lhe daria paz, alegria, alívio e colo:

"Tá bom... Eu vou escolher uma."

Claro, eu já queria a bota desde o início.

Ele levantou num pulo, rindo alto, feliz, puro, contente da vida, me abraçou muito forte e eu a ele. Como estávamos felizes e lúcidos! Senti sinceramente que ele desejava muito fazer aquilo, desejava demais implorar, ter um reflexo de real negação, sentir por um momento que não teria seu desejo atendido e acreditar nisso. Por isso estava tão feliz, duplamente feliz.

Depois de tardes deitado lambendo o salto da bota enquanto eu olhava e ria dele, ficava exultandte, elétrico, cheio de vida, e fazíamos planos para a noite:

"Hoje você me leva de coleira pra festa?"

"De coleira?" Eu ri.

"Sim, vamos comprar uma coleira, e você me leva na guia, entramos na festa assim!"

"Claro, vamos, eu topo! Vamos mesmo! Tipo um cachorro?"

"Não. Como um escravo, Domme. Um escravo! Não um cachorro. Vamos conseguir uma corrente grossa pra colocar na coleira, e tu me leva pra festa. Tu sabe que eu não gosto de lugar muito cheio, as pessoas me olhando. Mas, se formos assim, contigo me levando, é outra coisa!"

"Claro, vamos sim, com certeza! Vamos ver isso já! Vou adorar ter meu escravo particular!"

Rimos e nos abraçamos, ele acendeu um cigarro e tirou um bombom do armário:

"Ó, pra você."

"Ai, meu amor... Que meigo. Você é um guri incrível. Adoro estar contigo."

"Eu também."

E assim passávamos os dias no quarto dele, ouvindo música e tramando nossas incursões pela reacionária noite porto-alegrense. Vivemos dois anos dessa forma.

Um dia, já concursada, fui transferida para o Rio de Janeiro a trabalho. Afastada daquela imersão emocional na dor e no prazer, da ligação profunda e submissão natural que haviam surgido entre nós, me vi com novos colegas de trabalho, novas vidas simples e cotidianas me cercando. Me senti isolada, perdida, uma míope de óculos quebrados obrigada a mudar o padrão visual para identificar e me identificar com os seres humanos ao meu redor. Solidão social. Me senti de outra espécie, e foi ruim. Questionei a sanidade do que havia acontecido. Como eu gostava de tudo aquilo? Por que eu sentia prazer e me divertia enfiando o salto da bota na boca do meu grande amigo, e vendo nele, igualmente, um prazer igual ou maior que o meu? Eu era má? Por que, se fazíamos tão bom uso dos sentidos e dos prazeres e isso nos causava tanta alegria? E nada de mal fazíamos aos outros.

O que havia acontecido? Era real? Espetáculo encerrado, saí pelos bastidores e, artista caminhando na rua, não reconheci a rua. Não era o palco da minha vida, o tablado onde eu dançava solta e livre. Oprimida naquele cenário, não compreendi o que acontecia. Algo fora de mim insistia em preencher esse vácuo à força, me ditando regras, discursando no meu ouvido, zumbindo, esfregando na minha cara vidas e imagens corretas e ordenadas, ordinárias e simples. Sentada na minha mesa de trabalho, encolhia meu corpo e escondia a dança na gaveta, olhava ao meu redor e via símbolos, ouvia sons que não articulavam palavra, mas me condenavam e ofereciam alívio imediato e universal. *Eu sou o Sábio, e o que é você? Não compreendo a sua fala, mas tenho a solução: é só seguir a fila. Vamos, seja feliz como todos ao seu redor! Não questione nada, eu tenho a solução e ela é simples! Siga a fila, siga o exemplo de todos ao seu redor! Caso contrário, todos se assustarão com você. E você estará trancada no quarto para sempre!*

Foram dias duros, duros de carne contida. Eu era culpada? Estava sofrendo sozinha. O algo fora de mim estava certo, e eu estava errada, senão eu não sofreria, não é mesmo? Sim, eu era culpada. Aquilo não foi certo.

Recebi algumas ligações dele, mas fui me afastando com a desculpa geográfica. Estava muito longe. Sumi, cortei o contato. A imaturidade e o desconhecimento próprio trancaram aquele episódio nas estantes mais escondidas da minha memória. Até que os cupins devoraram toda aquela madeira que não era nada nobre.

E eu estava ali, com um homem me servindo de escravo. Literalmente. Usando calcinha vermelha. A minha Alice.

Ela chegava à minha casa no final da manhã, eu abria a porta e voltava para a cama. Sem fazer barulho algum, arrumava a bagunça toda; calcinhas, sapatos, camisinhas usadas, toalhas molhadas e jogadas no chão, louça na pia. Sempre duro e pronto para me servir oralmente e me limpar pela manhã, depois de uma noite de farra na rua.

"Foi uma noite cansativa e estou muito sensível, minha cadela. Quero que tome conta de mim. Venha me limpar aqui na cama mesmo, usando sua língua em todos os lugares."

"Sim, minha Deusa."

E ele obedecia prontamente, enquanto eu ensaiava acordar, começando a manhã bem relaxada. Primeiro lambeu minhas botas de látex que sobraram ao lado da cama, guardou-as e massageou meus pés. Assim que começou a chupar os dedos de meus pés, eu já estava mais que descontraída e feliz com o novo dia; sim, era bom começar o dia dessa forma. Então se aproximou de minhas pernas e subiu até as coxas, chegando à virilha e cumprindo minhas ordens bem devagar. Em pouco tempo eu já estava louca, mas ele continuou sem acelerar: estava cumprindo metodicamente seu papel de limpar sua Deusa e deixar cada canto impecável.

Dessa vez, eu havia passado o dia inteiro sem banho, e sabia que ele ia adorar me limpar daquela forma. Ele continuava encostado na parede, atento e de pau duro, esfregando levemente a bunda no chão.

Levantei a saia, mostrando as ligas e a calcinha suada e ordenei que me seguisse até a cama, o que prontamente fez, de quatro e ainda com as calças arriadas. Subi na cama para não machucar meus joelhos e ordenei que viesse me limpar.

"Não, de quatro atrás de mim, não. Deita tua cabeça aqui embaixo."

Aquele homem enorme subiu na cama e pelo espelho vi o reflexo vermelho do que ainda aparecia da calcinha atolada naquela bunda musculosa. Deitou por baixo de mim e devagar abri minhas nádegas para que fizesse bem o serviço.

Logo senti a língua quente e úmida passando em toda a extensão. De frente para o pau, podia admirar as veias pulsando, e a calcinha que mal cobria o saco. A cabeça já estava molhada, pegajosa, e lá passei minhas unhas, elevando os dedos e me divertindo, vendo até onde aquele filete de porra chegava.

"Veja só... Você limpa, limpa, e minha vagina continua encharcando tudo... Não está fazendo bem o seu trabalho!"

E ele estende a língua cuidadosamente desde a minha vagina, limpando cada gota e me enchendo de prazer. Eu precisava gozar. Segurei com força aquele pau e dei um tapa forte na cabeça, o que fez com que minha cadela abocanhasse toda a minha vagina e ela latejasse de gozo em sua boca.

Quando finalmente me levantei, ele humildemente voltou para sua posição padrão: de quatro, no chão, ainda de camiseta e com as calças arriadas. Mandei que tirasse toda a roupa e ficasse apenas de coturnos e calcinha, e se posicionasse novamente. Subi nas suas costas, ele arqueou levemente aquele corpo perfeito e, montada, tomei uma posição confortável e esfreguei a vagina sensível nas vértebras. Eu podia sentir o esforço dele e o desejo extremo de me agradar. Ordenei que me levasse até o banheiro. No caminho, admirei aquelas costas fortes e os músculos em movimento, e senti uma vontade enorme de humilhá-lo um pouco mais. É isso que te faz feliz, não é, cadela?, pensei comigo.

"Tá com os joelhos doendo?"

"Sim, minha Deusa."

"Pois já deveria ter se acostumado, faz tempo que não usa as joelheiras pra me carregar, escravo. E não reclama, pois essa é a posição que tu mais gosta: de quatro, com a bunda arrebitada."

"Sim, tem toda razão, minha Deusa. Eu adoro, e a Senhora sabe."

Ele riu e complementou, feliz:

"Eu te adoro, Deusa!"

Empinou um pouco o traseiro e seguiu em frente, rebolando. A dor já não importava mais, ele amava aquilo.

Chegamos ao banheiro e desci das suas costas. Deixou um suspiro de alívio escapar.

"Lava tua boca suja, minha vadia."

Boca lavada, vi seu olhar no espelho me espiando enquanto eu abria a gaveta para pegar a nécessaire de batons. Que puto lindo.

Sentei nua na privada, mas não fiz xixi. Mandei que se ajoelhasse na minha frente, escolhi o batom vermelho mais laqueado, ótimo para a boca carnuda da minha cadela. Ele adorava se maquiar, e eu adorava beijar aquela boca cheia de batom.

"Vem aqui minha linda, fica de joelhos aqui na minha frente."

Passei o batom com o pincel, lentamente, a boca entreaberta e o hálito quente na minha cara, o olhar lânguido e desafiador de uma puta assumida me fitando. Segurei o maxilar dele com vontade, o queixo lindo e quadrado repousado na minha mão; eu também com a boca aberta, imitando a dele.

"Está linda!"

Ele vira a cabeça de leve, arqueia a sobrancelha e se olha no espelho, passando a língua entre os lábios.

"Linda para a Senhora."

Ai, que tesão.

Relaxei na privada e fiz xixi, ele voltou à posição de quatro e vi que rebolava a bunda levemente, sacudindo o pinto que estava duro e lindo de novo. Quando estava quase terminando de aliviar a bexiga, interrompi o fluxo e me levantei.

Peguei seus cabelos pretos e ondulados, puxei sua cabeça para cima e olhei nos seus olhos, cheia de tesão na boca vermelha meio aberta e naquele comportamento de vadia que ele tem:

"Vem mamar aqui, pois agora tu é minha criança. Vem tomar o suquinho da tua Deusa. Bebe tudinho, tá?"

Sem nenhuma resistência, coloquei a minha Alicinha entre as coxas, encaixei minha vagina naqueles lábios vermelhos e soltei o fluxo, gemendo de alívio. Ele engoliu tudo, me olhando nos olhos como uma verdadeira safada em adoração e sem qualquer ordem renovou a saliva e me limpou a vagina com todo o cuidado. Continuava de pau duro, mas não tirava os olhos de mim, quieto, esperando outra ordem.

"Eu te amo, minha Deusa."

"Eu também te amo, cadela. Seja livre comigo, seja essa vadia que tu sempre quis ser."

Ele se curvou, segurou meus dois pés juntos entre as mãos e os beijou com extrema devoção.

"Muito obrigado por fazer isso comigo e muito obrigado por existir. Quero ser como a Senhora, linda, sensível, fêmea. Sou tua cadelinha, me ensina."

Ela terminou seus afazeres e mandei que fosse embora.

"Vai, descansa, que amanhã tem os sapatos todos pra lustrar."

"Sim, Senhora."

Beijou meus pés de novo, vestiu a roupa amassada e saiu.

Capítulo três

Em 2007 conheci Rafael pela internet. Eu ainda tinha um perfil de dominadora no Orkut e fui fazendo algumas amizades por lá, entre as comunidades. Nos falávamos sempre.

Ele era muito educado, solícito e servil. Mas algo soava estranho para mim. Falei da minha vontade de ser dominadora profissional, e a partir desse momento ele ligou-se ainda mais a mim. Pelo MSN, me tratava como uma verdadeira deusa, e eu ria, dava gargalhadas da cara dele. Ainda não percebia o quanto era importante para ele estar na minha presença, eu ser sua Deusa e agir como tal. Não levava nada a sério.

"Que tudo seja perfeito para a Senhora, Senhora!"

"Tá tudo legal, Rafael. E contigo?"

"Agora, na sua presença divina, sinto-me muito melhor."

"Hum... Sei."

"Gosto de conversar com a Senhora. É cheia de luz, de divindade, me trata como eu devo ser tratado, um reles escravo. Sempre sonhei com isso, com sua beleza, imponência. A Senhora é."

"Mas tu nunca esteve comigo, não fala besteira. Como pode me adorar tanto assim? É meio imbecil, sabia?"

"Eu sou seu imbecil, Senhora. Seu móvel. Seu animal. Seu nada. Só me importa a sua felicidade, o seu bem-estar."

"Não fala besteira. Que burro!"

"Sim, seu burro de carga."

"Tá, chega, me deixa em paz. Fica aí escrevendo tuas besteiras que eu tenho uns arquivos para corrigir."

E ele escrevia sem parar. Falando da minha divindade, do quanto eu era poderosa, do quanto ele era indigno de beijar os meus pés e de como admirava minha coragem em querer ser dominadora profissional, levar o negócio a sério. Eu voltava, lia. Xingava. Lia, xingava. Ria. Às vezes ficava meia hora sem responder, ele ali, cada vez mais servil, mais escravo, mais insistente. Quanto mais eu o ignorava e o xingava, mais ele escrevia maravilhas e se inspirava.

"A Senhora é minha Musa, minha Deusa, minha Algoz, tudo para mim."

"Ah, tá certo... Ok. Lá vem tu de novo com essa bobajada toda."

"Me permita discordar, Senhora... apenas por um momento. Me concede?"

"Sim, mas fala coisa com coisa... Isso de Deusa pra lá, Deusa pra cá me soa tão falso... Tu nem me conhece. Dá pra entender o que eu tou falando, não é? É muito blablablá, muita coisa sem sentido."

"Sim, Senhora. Entendo claramente. Mas, para mim, que sou um ninguém, faz sentido. A Senhora é meu sentido. Quero ser seu objeto. Apenas um objeto. Como a Senhora sabe, farei meu mestrado aí em Porto Alegre. Gostaria que me concedesse a graça de estar em sua presença, e lhe mostrar o quanto sou grato pela sua existência e o quanto sou mesmo um nada, um ninguém. Sou apenas um objeto, uma peça a ser moldada por suas mãos."

"Mas ah, meu querido... quero só ver. Se tu é um ninguém mesmo, é assim que eu vou te tratar."

"Sim, Senhora! É isso mesmo que eu imploro que faça. Me use, me molde, me trate como um lixo, um cachorro, um mordomo, como quiser! Me bata, me tire sangue. Sou o escravo da Rainha e só à Rainha devo servir. Não tenho vontade própria."

Larguei de mão e voltei para os meus arquivos. Não ia me irritar com aquele bosta. Que droga era aquela de que ele estava falando? Eu realmente não conseguia me comunicar com ele, tamanha distância entre nós. E o ignorava, com toda vontade de ignorar.

Aquele era um homem que sempre soube da sua submissão, sempre teve consciência do seu lugar. Quem não percebia o meu lugar, imatura, era eu. Mas tive a sorte de conhecê-lo e a dádiva de ser sempre natural e livre para tratá-lo como eu queria. Ele via que eu o ignorava porque queria ignorá-lo. E era isso que ele me provocava. Ele sentia que eu me irritava e mais falava comigo, eu xingava, e nesse vaivém discursivo o processo foi crescendo. É uma microfísica, uma relação que existe somente a partir de si mesma, do entrelaçamento de desejos.

Eu nunca estaria aqui, hoje, nessa cidade, vivendo como Dominatrix, um cotidiano de mulher dominadora, sem a existência e persistência de quem desejava mais que a própria vida ser dominado, usado, anulado. Usando a vontade própria de anulação, os submissos inflamavam minha vontade de poder. Meus amigos-namorados, meus primeiros escravos. Eles me entronaram, me colocaram a coroa na cabeça, e todo povo tem a Rainha que merece.

Naquela época isso ainda não era muito claro para mim, mas sempre fui natural. Livre. Espontânea. Essa é a minha semente de mostarda.

Lembro de quando marcamos nosso primeiro encontro, depois de ele implorar muito, mas muito mesmo. Para mim seria totalmente falso, eu não estava nem um pouco a fim de ouvir besteiras e aquele palavreado formal, e certamente o xingaria de novo se fosse necessário.

Eu sairia do trabalho e nos encontraríamos. Meu dia havia sido bom, e seria legal encontrar o tal "escravo". Quando desci as escadas para a rua, lá estava ele. Me olhou e reconheceu, já havíamos trocado algumas fotos. Ficou em absoluto silêncio, parecia assustado, tenso. Bastante tímido. Cumprimentei-o como uma pessoa qualquer, não vi nenhuma importância naquilo. Era um carinha normal, no final das contas. Dei um olá.

"Trouxe um presente para a Senhora."

Me entregou um livro, de sebo. Não me importei por ser usado, achei bacana da parte dele trazer um presente. E o livro parecia ser bem interessante.

Acenei com a cabeça para que me acompanhasse até um shopping próximo, para conversarmos. Eu falava pouco, e ele não parava de olhar meus pés. A todo momento encolhia os ombros, ensaiava uma frase, e nada.

"E então, Rafael", sentamos, "como você está?"

"Eu estou fascinado, Senhora."

"Ah, tu fala Senhora mesmo", e ri.

"Claro, Senhora. É assim que deve ser tratada."

"Relaxa, eu acho estranho. Fala só Dommenique."

"Por favor... Senhora Dommenique", insistiu, "Senhora Dommenique".

"Que babaquice é essa? Nem meu escravo tu é, não temos nenhuma relação. Que imbecil!" E ri.

Ele riu também, parecendo satisfeito.

"Sim, sou um imbecil mesmo. Sou o que a Senhora quiser."

A voz dele era baixa, rasa, servil. Um pouco trêmula. Era um cara magro, moreno, simples. Tênis, calça jeans e camisa polo. Um perfuminho gostoso.

Peguei o cardápio e escolhi uma bebida.

"Você bebe?"

"O que a Senhora ordenar."

"Traz dois chopes pra gente?", pedi ao garçom.

Logo veio e largou os copos na nossa frente.

"Obrigada."

Ele não dizia nada, apenas ficava me olhando, hipnotizado.

"Vamos brindar a mim!"

"Vamos, à Senhora!"

"Não, espera!" Ele ia levar o copo à boca e ficou estático, os lábios entreabertos.

"Me dá esse copo aqui."

Agi no impulso. Juro que pensei duas vezes... faço ou não faço? E fiz.

Juntei a saliva e, vendo que ele continuava hipnotizado, dei uma bela cuspida que afundou na espuma cremosa da bebida.

Vi que ele fechou a boca e apertou os lábios, abriu mais os olhos e aproximou-se mais da mesa, ansioso.

"Agora sim, pode beber. Bebe que eu quero ver."

"Sim, Senhora!"

Ele deu um gole da bebida.

"Não, bebe tudo de uma vez."

Ele baixou os olhos e pegou o copo. Bebeu até a ultima gota, levando pra dentro do corpo o cuspe viscoso.

Eu dava risada.

"Meu Deus do céu... Hahahaha... tu bebeu meu cuspe!"

"Eu faço o que a Senhora mandar."

Em cinco minutos ele já estava mais falante, e eu bebi meu chope devagar, observando cada palavra, cada gesto dele. Falamos sobre vários assuntos; mal eu abria a boca, ele já fechava a dele, atento. Comecei a perceber o quanto ele era mesmo submisso, o quanto tinha visto em mim a mulher perfeita.

Na despedida, falei:

"Me manda um e-mail quando chegar em casa, contando sobre hoje. Tu é um cara legal. Quero que venha me ver de novo."

Ele não exultou, não demonstrou nada. Queria de alguma forma se afastar cada vez mais, deixando a alegria só para mim.

"Vou cumprir suas ordens, Senhora. E espero seu chamado, a qualquer momento."

E se foi.

Quando cheguei em casa, o e-mail já estava na caixa de entrada:

O dia em que A vi.

Depois de bastante tempo ansiosamente esperando, o dia em que a Senhora me concederia a oportunidade de encontrá-La pessoalmente pela primeira vez havia chegado.

As horas transcorriam lentamente, o sangue parecia correr quente, o relógio não parecia deixar as horas passarem, sentia-me docemente ansioso, uma sensação angustiante e ao mesmo tempo plena, o sentimento de que eu estava indo ao encontro de meu destino... Ela.

Horas antes eu havia escolhido a roupa que vestiria, tomara um banho bem cuidadoso, esperando muito que a Senhora considerasse que eu dava o valor que Lhe era devido, que a Senhora perceberia que eu tentara com muito esforço mostrar-me como algo digno, linda que era, divina, maravilhosa, minha Deusa e Senhora. Eu estava muito ansioso, e estava também muito feliz.

O momento chegou. Estava eu ali, no lugar que a Senhora determinara que eu deveria me colocar para que me reconhecesse como o escravo que eu literalmente prometera ser em minha alma e meu corpo.

Em dado instante eu A vi.

Alta, de porte divino, uma Mulher que torna difícil encontrar as palavras certas, pois não há um substantivo ou adjetivo que Lhe seja completamente digno... "Perfeição", "Sublime", "Superior", "Deusa", todas são boas palavras, mas a Senhora era mais como César: Seu nome daria origem para mim ao significado que apenas a Senhora traduzia. Seu nome significava algo que apenas Dommenique, e a presença de Dommenique, eram capazes de traduzir. Seu nome era Dommenique e também um título, era poder em seu sentido mais puro e profundo.

Loira, alta, esbelta, de corpo lindo e maravilhosamente feminino, Seu porte elegante e Sua postura majestosa, que exalava controle e poder apenas pela Sua presença... essa visão quase me levara ao chão. Eu senti uma vontade imensa de me prostrar no chão, ali, rastejar até a Senhora e implorar para que permitisse que eu beijasse seus pés calçados pelo peep-toe de salto alto. Com muito custo, controlei-me, porque eu compreendia que a Senhora não toleraria sentir que eu podia estar agindo por conta de um prazer que fosse meu e não apenas o prazer único, total e exclusivo Seu. A Senhora não manifestou desejo de que eu agisse dessa forma, prostrando-me e rastejando, e eu sabia que então eu não tinha permissão sequer para agir como o escravo que eu ansiava ser.

Seus sapatos vermelho-escuros faziam um belo contraste com a pele muito branca dos Seus pés, que os sapatos permitiam admirar ainda que apenas um pouquinho através do detalhe do peep-toe. As unhas, lindas, faziam-me intimamente exultante, que desejo senti de jogar-me ao chão diante delas!

E todas essas ideias, pensamentos, deram-se em um momento tão curto, fugaz, pois eu jamais me permitiria portar-me de forma indigna diante da Senhora... de forma que tudo então fora observado em um relance, que no entanto pareceu uma doce eternidade para mim.

Apresentei-me à Senhora, agora em corpo e alma, fisicamente falando, e a Senhora generosamente sorriu com os olhos, sem presentear-me diretamente com a visão de sua linda boca — meu Deus, como é Linda!!! — a sorrir... Coloquei-me diante da Senhora muito angustiado por não saber como portar-me sem que parecesse medíocre ou metido... Senti que a Senhora percebeu meu nervosismo, e Sua doce voz transmitiu-me confiança e segurança... sem que em nenhum momento eu deixasse de perceber que a Senhora era minha Dona.

Conversamos sobre muitas coisas, não apenas BDSM, que foi o que inicialmente nos fez manter contato... A Senhora é uma Mulher culta, atualizada, inteligente.

Realmente, eu soubera disso quando conversávamos em vezes anteriores, por exemplo, sobre arte em suas várias vertentes, da pintura à dança, de História e de tantos e tantos assuntos de forma que eu já sabia o quanto a Senhora era uma Mulher refinada. Confesso que, mesmo sabendo disso, sentindo isso, fui docemente surpreendido ao perceber que era muito mais do que eu sequer imaginara antes. E eu sei, e a Senhora sabe que eu sabia disso profundamente, que a Senhora para mim já era a perfeição muito antes de descobrir o real significado de "perfeição" nessa primeira oportunidade de encontrá-La.

Foi desse momento em diante que eu assimilei que a Senhora em si era Ela mesma. Não era uma projeção, não era uma imagem. Ela era o Seu título, Seu nome definia algo por si só: Ela.

Seus lindos cabelos loiros, Seus belos olhos azuis, de uma cor que me fazia perdido de tanta beleza, e que eu sentia exalarem um poder tão forte que eu conseguia admirar apenas por instantes muito breves, antes de baixar os olhos, envergonhado que eu estava de ser apenas um escravo, e poder admirar a beleza e a aura de uma Deusa encarnada Nela. E vendo-A tão linda, eu confirmei mais uma vez o quanto queria poder ser Seu escravo total...

Pensamentos de servidão passavam sem parar por minha mente. Eu sentia também uma vontade muito grande de estar em condição de servi-La de forma completa, de renúncia total, inclusive com abstinência sexual absoluta, de proibições de todos os tipos emitidas pela Senhora.

E confesso que envergonhei-me quando senti que diante da Senhora o SM seria muito mais doloroso para mim, como homem, pois havia uma feminilidade exalando tão forte, tão sensual, que eu sentia desejo, muito desejo e admiração. Mesmo que eu lutasse contra ele para que pudesse sentir apenas o que a Senhora quisesse pra mim, senti muito medo de transparecer que eu podia estar ali não por Ti exclusivamente, mas por um desejo de servir em si... um desejo de servir ao meus desejos, coisa que não imaginava poder existir na forma como sinto e vejo o SM.

Eu queria estar diante de Ti apenas para Ti, para o deleite Dela, para o desejo Dela, exclusivo... e confundia-me ao perceber que, se não fosse um escravo, e Ela não fosse uma Senhora para mim, se eu nunca tivesse sido submisso, eu iria muito ansiar por ser também digno de Ti, mesmo que em uma vida exclusivamente baunilha. A Senhora me fez reconciliar algo que em mim era dividido, baunilha e SM, fazendo-me sentir completo, mesmo que essa sensação de completude trouxesse junto a compreensão de que minha renúncia seria muito mais profunda do que eu sequer imaginara. Eu renunciaria ao SM e ao mundo baunilha, se me permitisse servir aos Seus desejos e caprichos exclusivos.

Naquele dia, compreendi que pela Senhora eu me faria eunuco, coisa pela qual nunca ansiei ou desejei, caso a Senhora assim desejasse para mim. Beber sua saliva foi um presente inesquecível. E percebi também que os limites que eu pensara que poderiam ser impossíveis de superar, ultrapassar, caíam por si só naquele instante. Eu queria renunciar a tudo por Ti. Meu nome, vida pessoal, família, tudo. Apenas pela graça de servi-La. E, se essa vida de renúncia implicasse inclusive a renúncia a meus desejos SM mais profundos e antigos... Nossa, eu queria entregar tudo para a Senhora e viver apenas a vida escrava que Lhe conviesse.

Com todo respeito,
seu escravo.

Lembro que nem no MSN eu entrei naquela noite, o que era sagrado. Ficava em conversinhas virtuais e participando de discussões nos fóruns sobre o sexo dos anjos, o que era certo e errado, se a dominação profissional era válida, se era legal ou não usar liturgia, sobre o linguajar e os códigos. Vi o absurdo de todo aquele mundo, escravos virtuais, algumas dominações ensaiadas, com palavras ensaiadas, um fingindo que falava a verdade, o outro fingindo que acreditava. Que porcaria é essa? Eu vou é ter um escravo de verdade.

Desliguei o computador, e naquela noite sonhei que descia a minha rua de paralelepípedos vestida num catsuit, cabelos presos. Era noite e não havia ninguém ao meu redor, só as casas fechadas e todos dormindo. E eu, linda e imponente, calçando as famosas botas que tinha ganhado há alguns anos e que estavam no fundo do armário, a passos largos e firmes. Sozinha.

Capítulo quatro

Fiz tudo como mandava o figurino. Contrato de servidão. Se era pra ser, seria. Nem eu sabia direito o que fazer, e por isso mesmo segui no jogo. Qualquer coisa que eu praticasse seria aceita, e ele assinou.

Assinou um contrato de servidão, pelo qual eu tinha plenos poderes sobre o seu corpo durante o mês que antecedia o início das aulas dele.

Sim, acho que fui corajosa mesmo. Convivi com uma pessoa que eu mal conhecia pessoalmente, mas com quem me relacionava virtualmente há um bom tempo. Minha excitação e minha impetuosidade ajudaram muito, e eu tive sorte. Tive um escravo.

Eu morava num apartamento pequeno, quarto e sala. E decidi ir ao extremo da exigência, fazer tudo de que eu ouvia falar e pelo que eu sempre tive desejo, totalmente egoísta. Estava livre para ser assim.

No primeiro dia ele chegou pontual, e em todos os outros também, quando não dormia na área de serviço junto com a máquina de lavar. Era sua cela, e eu trancava a porta com chave. Um espaço minúsculo, dali ele só sairia se pulasse pela janela do quarto andar.

Comecei com o básico, a limpeza da casa. Tudo era responsabilidade dele. A louça, o chão, o banheiro, faxina geral. Também as minhas roupas, tudo lavado e passado. Lingeries lavadas a mão, sapatos sempre limpos e organizados, armário impecável. Era um treinamento para mim também. Queria mesmo seguir a cartilha e me acostumar com outra vida, com escravos.

Ele nunca poderia, em hipótese alguma, tocar em mim sem a minha permissão. Eu não gostava dos meus pés, mas ele amava, dizia que eram meus e por isso gostava deles. Eu andava descalça praticamente o tempo todo, e sentia a limpeza da casa com as solas.

A rotina seria sempre essa. Ele chegaria em casa e cumpriria suas funções de empregado. Quando eu chegasse em casa, tocaria o interfone antes de estacionar o carro, e ele deveria me esperar já com a porta aberta, pronto para pegar a minha bolsa e ficar ali até que eu o mandasse embora, fosse qual fosse o horário. Até um sininho eu comprei, para tocar quando não quisesse levantar a voz. Se eu tivesse algum compromisso até mais tarde, ele deveria ficar me esperando, mesmo que eu voltasse de madrugada. Isso todos os dias, incluindo sábados, domingos e feriados.

"Quando a gente se conheceu, tu implorou pra que eu te usasse apenas pro meu prazer. E é isso que vai acontecer. Qualquer coisa pode acontecer contigo, e não espere retribuição. Sendo meu escravo não vai ter direito a nada, a não ser trabalhar para o meu prazer e o meu bem-estar. Está entendido?"

"Sim, Senhora."

"E tem que me agradecer sempre, seu lixo... Eu abri as portas da minha casa pra tu colocar o corpo aqui dentro. Se não tiver nenhuma utilidade, te corro pra fora."

"Muito obrigado, minha Deusa."

A ansiedade mostrava seus sinais. Sentia seu peito respirar ofegante, às vezes ficava lívido de medo e excitação. E angustiado.

Queria muito me agradar, esperava alguma ordem, uma palavra. Eu praticamente o ignorava. Foi assim durante quase uma semana. Eu saía pro trabalho e lá ficava ele limpando a casa e fazendo suas tarefas. Tinha tempo suficiente para se esmerar.

Mais de uma vez, quando o mandava para casa, ele se voltava para mim e perguntava se não desejava mais nada.

"Não. Se estou te mandando embora, é claro que não."

"Senhora, reitero que meu corpo é seu. Vejo que às vezes chega irritada do trabalho, e outras vezes entediada. Pode fazer o que quiser comigo. Me surrar, se quiser."

"Eu sei. Mas não quero a tua presença. Vá embora."

Todos os dias eu chegava em casa e lá estava ele, pronto, me esperando com a porta aberta, parado ao lado com o braço esticado para eu pendurar minha bolsa. Ele já havia preparado um lanche, e eu seguia minha rotina normalmente. Sentava ao computador, estudava, mal trocava uma palavra ou olhar com ele, não tinha a mínima vontade. Até que a presença dele começou a me irritar de alguma forma, e eu sentia muita vontade de importuná-lo. Eu andava bem chateada no trabalho também, uma chefe nova enchia muito o meu saco. Já odiava aquele trabalho e chegava em casa nos cascos. E lá estava aquela presença ali, inútil. Tomei uma decisão: surras.

"A partir de amanhã pela manhã tu vai apanhar todos os dias. Hoje mesmo na volta pra casa vou passar ali na loja de equipamento agropecuário e comprar um relho."

Ele vinha trazendo meus chinelos e parou por uns segundos. Vi sua cara de satisfação.

"É, você não tinha falado? Pois agora é a hora. Agora eu tenho vontade. Uma de manhã antes de eu sair e outra a noite antes de tu ir embora. Sagrado. E outra eventual, se me der vontade."

"Sim, Senhora!"

Eu saía um pouco antes das onze. 10h50.

"Vem cá. Baixa as calças e se apoia no sofá."

Ele correu, pronto.

Mandei que contasse pra mim.

"Uma. Duas. Três. Quatro. Cinco. Seis. Sete. Oito. Nove. Dez."

Ele aguentou tranquilamente. Sentiu dor, com certeza. A pele logo subiu nos vergões. Mas ele agradeceu mais que o normal.

"Obrigado, Senhora. Muito obrigado por me dar essa oportunidade. Eu não tenho vontades, só as suas que valem."

"Hoje quero esse chão mais limpo. Vou olhar cada canto do rodapé, senão apanha em dobro à noite."

Eu gostei daquilo. Gostei mesmo. Ele pareceu adorar. Quando eu cheguei à noite, estava o chão limpíssimo, de verdade.

Antes de ir embora, uma nova surra. A pele estava novinha, pronta.

Uma. Duas. Três. Quatro. Cinco. Seis. Sete. Oito. Nove. Dez.

No segundo dia, na quarta surra, as marcas roxas já não saíram mais. No terceiro, sábado, aproveitei pra importuná-lo mais ainda e dar tapas na bunda roxa. Ele gemia de dor. Tremia quando eu me aproximava demais.

"Eu achei que tu quisesse interação."

"O que a Senhora quiser está bom pra mim."

"Levar um tapa" — plaft! — "está bom pra você, escravo?"

"Aiiiiii."

"Está bom?"

"Siiim, muito obrigado!"

"Traz o meu relho aqui, vai apanhar um pouco mais hoje. Tou com muita vontade."

Eu não trocava muitas palavras com ele. Era dura e direta, sem rodeios.

Vestia uma camisola leve no sábado, e no meio de outubro já dava para ficar o dia todo com ela, sem sentir frio. Os cabelos desgrenhados, os pés descalços no chão limpíssimo.

Ele se virou pra mim e caminhou com o relho nas mãos.

"Não, nananina-não. Assim não. Pode voltar lá e vir de quatro."

Ele voltou os passos, ficou de quatro, veio com o relho na boca e se aproximou das minhas pernas, quase tocando nelas. A cabeça baixa estava vidrada nos meus pés, a respiração entrecortada pelo relho na boca e a saliva que começava a escorrer.

"Bota o relho aqui na minha mão. Isso. Agora levanta e vai ali pra tua posição."

Ele se levantou já de lado, o corpo meio curvado, tentando disfarçar o pau que estava duro.

"Escravo vadio! De pau duro!"

Ele já estava na posição, no sofá. O pau latejava, e ele estava envergonhado.

"Olha só o que eu tenho aqui!" Peguei na cabeça do pinto dele. Ele deu um puxão curto e rápido no quadril, assustado.

Aproximei os lábios do ouvido dele, amassando a cabeça do pau.

"Isso aqui também é meu, entendido?"

Ele sacudiu a cabeça, atordoado.

"E eu vou usar quando eu quiser e pro que eu quiser."

Vi as veias saltando, o pinto pulsando na minha mão, bombando de sangue.

Soltei e não perdi tempo.

Uma. Duas. Três. Quatro. Cinco. Seis. Sete. Oito. Nove. Dez.

Ele gemia alto de dor, deixando a cabeça pender entre os ombros a cada golpe. Continuou de pau duro. A pele já estava supersensível, era roxo em cima de roxo. Alguns pontos de sangue começaram a brotar na pele fina.

"Fica aí que eu vou limpar isso."

Ele tremia as pernas e suava a testa, pingando no sofá, devia estar desesperado de dor, o sofá sujo de suor e a ansiedade por não saber o que viria.

Voltei da área de serviço com a garrafa de álcool, peguei algodão no banheiro. Ele urrou de dor quando passei o algodão encharcado.

"Para, fica quieto. Já vai passar. Tem que limpar, não tem jeito. Eu sei lá de onde veio esse relho..."

E continuei nos cuidados com o meu escravo. Não queria que se machucasse muito, pois ainda pretendia surrá-lo nos próximos dias.

"A Senhora é divina, obrigado por cuidar de mim."

"Tou cuidando porque te bater é meu divertimento."

"Fico mais agradecido ainda por fazê-la feliz."

Ele ainda falava assim comigo. E cada vez mais formal, cada vez mais talhado.

"Tu sentiu bastante dor, mas o sangue foi pouco. A pele esta bem sensível."

Me estirei na cama e peguei um livro. Ele não tinha mais o que fazer e ficou de quatro ao lado da cama por não sei quanto tempo.

Depois de vários dias de surras em dois turnos, vi que ele não aguentaria mais. Eu já estava usando chibatas e também palmatórias, e uma vara de marmelo que zunia no ar.

Pensei em parar. A pele já estava dura, grossa, e ele reclamando demais. Mas, para minha surpresa, quando cheguei ao décimo açoite, ele implorou por mais. E mais. E mais.

Fiquei hipnotizada pela cena, pelos sons do relho, o pedido desesperado — "Bata mais, Senhora, mais, bata mais!" — e os urros de dor. Me senti poderosa, dona daquele corpo e bati mais ainda, com um sorriso aberto na boca e arfando de satisfação.

De repente me afastei. Vi o corpo machucado, aquele homem açoitado, humilhado, usado, e me lembrei dos primeiros dias, quando ele implorava pela minha posse total. Lembrei do e-mail que me mandou, pedindo a escravidão e a nulidade, pedindo que eu o transformasse num objeto, que legitimasse sua condição de nada. Vi seu corpo cair no chão, desfalecido, o peito apoiado no sofá e as pernas unidas, trêmulas, encolhidas no chão. A cabeça solta sobre os braços, os olhos entreabertos e desfocados. Estaria feliz? Ele implorou por aquilo e sabia que viria muito mais.

"Muito obrigado... Senhora. Muito obrigado..." E deu um riso mole, com a saliva grossa grudando nos lábios.

Sim, ele estava realizado. Nu, exposto, mostrando para mim toda a sua fragilidade e necessidade de mim. Queria mais ainda, queria que fosse mais meu. Nada como dar um carinho quando alguém está exposto. É como fazer carinho direto no coração aberto. E seria o tipo de carinho que ele queria naquele momento. Eu daria.

"O chão ficou sujo, vou ter que começar a disciplina toda de novo? Vem cá e limpa a sola da minha bota, inútil."

Ele focou os olhos e veio até mim apertando o rosto numa expressão dura para não demonstrar a dor que ainda sentia. Lambeu a sola inteira, no início devagar, a língua seca da sujeira; mas logo com vontade e agradecimento. Aquele era o meu escravo, e ele estava bem.

Capítulo cinco

Era um domingo um pouco cinza, a cachorrada da vizinhança não parava de latir. Vou dar uma volta, pensei. Rafael estava de quatro, como sempre, no canto da sala. Ele ia atrás de mim pela casa e ficava esperando alguma ordem.

Refleti por alguns minutos sobre a condição dele, enquanto juntava as chaves e a carteira. Durante mais de um ano nos falamos pela internet, ele sempre implorando para que eu fizesse o que bem entendesse. Nunca acreditei muito naquilo tudo, mas ele estava ali. Que coisa. Um contrato assinado. Apanhava todos os dias, comia no chão, embaixo da mesa, os restos da minha comida que eu jogava no chão, servia de cinzeiro, pois naquela época eu fumava. Limpava as solas dos meus sapatos com a língua depois de cada surra.

Mas eu ainda duvidava. Não que aquilo não fosse muito degradante. Claro que era. Mas durante um ano inteiro ele me preparou para essas práticas. E a preparação foi boa. Muitos elogios, e-mails enormes me adorando, me endeusando; longas conversas no MSN, nas quais ele só falava do meu brilho, do meu poder. Rafael me colocava em um pedestal inatingível, e eu estava me sentindo assim, muito longe dele. Mas, ao mesmo tempo, muito ligada. Ele alimentava meu espírito e abria meus olhos. Quem não percebia era eu.

Geralmente top e bottom têm uma conversa pronta, um diálogo clichê: a Senhora é tudo, linda e maravilhosa, e o escravo um verme. E passam horas trocando frases prontas na internet.

Com ele eu sentia a mesma coisa. Aquilo tudo me soava tão falso! Como pode alguém adorar outra pessoa sem ao menos ter convivido com ela? Era uma projeção. Não era de mim que ele falava, era do que ele imaginava sobre mim. E ele insistia:

"Quero provar para a Senhora que sinto, eu sinto muito que a Senhora é a minha Dona, a Senhora que vai me levar pro inferno que eu sempre sonhei. Nenhuma outra. A Senhora estava nos meus pensamentos antes mesmo de lhe conhecer."

"Mas como isso? É uma idealização, não viaja."

E quando ele entrava no MSN, lá vinha a mesma conversa:

"Ah, lá vem tu de novo."

Aquilo me incomodava, mas eu não conseguia largar. Ficava intrigada, querendo saber o que se passava pela cabeça daquele cara. E ele estava agora de quatro na minha frente, sem nenhuma restrição. Nenhuma.

"Tu tem prazer nisso, não tem?"

De cabeça baixa, Rafael respondeu:

"Tenho prazer no seu prazer, Senhora."

"Não. Você tem prazer em ser degradado. Eu só sou uma peça disso. Do que tu quer, não do que eu quero."

"A Senhora não me quer?"

Fiquei sem resposta. Claro que eu queria. Talvez eu fosse uma pessoa má.

Ele perguntou novamente, a voz tremendo na garganta:

"A Senhora não me quer mais?"

"Quero."

"Então faça o que quiser, acabe comigo, não pense duas vezes." Sempre formal. Baixou o tom de voz:

"Confesso à Senhora que me angustio em ter prazer pelo seu prazer. Pelo simples fato do prazer não ser exclusivamente seu. Isso me atormenta todos os dias, não vejo uma saída. Meu pensamento gira e gira e gira em torno disso. Só a Senhora deve ter prazer. Mas não sei a solução. E isso me atormenta muito."

O que eu poderia fazer com aquele homem ali na minha frente? Uma cabeça cheia de pensamentos obsessivos, pensamentos esses que o atormentavam muito mais que uma surra, que lamber a comida do chão, que me ver com homens que eu trazia para casa quando eu queria. Já estávamos no final do mês. E com certeza havia sido um mês pesado para ele. Meu escravo tinha momentos de lucidez, e sofria nessas ocasiões.

Aos poucos fui entendendo que eu era tão maravilhosa porque, pelas nossas conversas, ele percebeu que eu faria dele um escravo de verdade. Ele se sentia agradecido pelos castigos, pela tortura e a humilhação. Tudo isso aliviava seus pensamentos, sua ansiedade em estar no lugar que ele imaginava ser o lugar dele. Certo ou errado? Não sei. Talvez a prática aumentasse ainda mais o terror dele, pois os limites eram ultrapassados, e ele queria mais e mais. Mas como negar alívio a alguém atormentado?

Seria o caso de mandá-lo a um psiquiatra, para tomar remédios que têm bula só pra informar que não sabem como a substância age, que ela tem milhões de efeitos colaterais, mas que você pode ter alguma melhora? O de procurar uma religião, buscar uma fé que deve se apresentar como fé, um mistério, e não algo deglutido à força, senão perde a eficácia? Ele já havia feito tudo isso.

E eu? Eu só sei que já me sentia responsável por ele e que nosso desligamento teria que ser lento. Em três dias nosso contrato chegaria ao fim. Privado de uma só vez dos tormentos, ele enlouqueceria, era óbvio — e eu sabia. A cabeça ia pirar num turbilhão de pensamentos se sobrepondo ao infinito.

"Vou dar uma volta. Tou com milhões de coisas na cabeça, tenho que pensar. Pega as cordas lá."

Ele saiu de quatro e voltou com as cordas. Amarrei tornozelos e pulsos em sacos plásticos e deixei mãos e pés unidos às costas. Coloquei uma venda nele. Era uma posição desconfortável, e com certeza quando eu voltasse ele estaria desesperado.

"Abre a boca."

Coloquei uma vara entre os dentes dele, pra dificultar um pouco mais. Não precisei dizer nada, saí e ele sabia que deveria estar na mesma posição quando eu voltasse.

Saí meio sem rumo. Domingo, a cidade vazia, uma chuva fininha, xarope. Nem liguei o rádio, fiquei com meus pensamentos, o limpador de para-brisa e o barulho das rodas no asfalto molhado. O que eu poderia fazer? Nada. Era o meu primeiro escravo totalmente escravo. Até aquele momento eu havia tido várias experiências pontuais apenas. Prestei atenção ao meu pensamento: "primeiro escravo". Eu ia levar isso adiante? Sim, ia. Lembrei-me daquele guri implorando pra me dar a bota e de como sentia falta dele. O melhor a fazer era me divertir cada vez mais, usá-lo, atormentá-lo com vontade e deixar que isso transparecesse, sem me culpar. Era o mínimo que eu poderia fazer por ele.

Vou dirigir mais um pouco. Já que é pra relaxar, vamos relaxar. Antes de subir pra casa, passei no andar da Gisele.

"E aí, guria, tudo bom?"

"Tudo bom, entra!"

Já tinha entrado.

"Tá com uma cara, Domme..." Ela levantou uma sobrancelha. "O guri tá dando trabalho?"

Ela sempre soube de tudo, desde o início. Dos papos na internet, do Rafael ali em casa, da minha história, do tipo de cara com que eu gostava de me relacionar. Já tínhamos trabalhado juntas, e eu falava tudo na boa pra ela. Aliás, se facilitasse, eu falava pra qualquer pessoa. Não via mal nenhum. Ela só balançava a cabeça e ria:

"Tu é maluca."

Eu já estava na cozinha, pegando um pedaço de bolo. Dei uma mordida.

"Não, trabalho ele não dá, pelo contrário. Tipo... trabalho, na prática, não. Ele faz tudo. Cuida até de me limpar quando faço xixi."

"Ah, não creio."

"Sim, nem esse trabalho eu tenho. Vamos lá, eu te mostro ele."

"Capaz, guria... Coitado do cara. Vou dar muita risada na cara dele." Ela olhou pela franja de lado. "Não é legal."

"Não, vamos lá. Pode ir na boa. Se tu rir, pode ter certeza de que ele vai se sentir melhor ainda. Vamos lá. Vou te mostrar o que eu faço com ele."

"Minha nossa senhora... Hahaha... Deixa eu botar meu chinelo."

Subimos para o meu andar. Colei o ouvido na porta para ver se escutava algo. Uns gemidos, bem baixos. Barulho de saco plástico. Estava vivo, ainda bem. Eu estava mesmo era preocupada com isso.

Abri a porta estrondosamente. Ele levou um susto e levantou o torso e a cabeça, virando em direção à porta. A cane continuava na boca, ele abria e fechava os lábios em torno da madeira babada. Já tinha se mexido bastante, virado várias vezes de posição, provavelmente deitado. Vi as marcas de suor pelo parquê brilhante e limpo.

Gisele ria.

"Cara, não acredito."

Eu ri também, mas não falei nada.

Entramos, e ele percebeu as risadas que não eram minhas.

“Olha, Gi, esse é meu escravo, esse lixo aqui.”

Ela arregalou os olhos e levou as mãos à boca, ainda rindo, incrédula.

“Pode bater nele assim, ó.”

Dei um tapa na cabeça dele. Vi que a bermuda de tactel já estava bem volumosa.

“Não vai agradecer o tapa, lixo?”

“Shhim, Shhennhora. Obrrigado, Shenhora.”

Tirei a cane da boca dele. Ele abriu o maxilar ao máximo e fechou, umas três vezes. Gisele estava sentada no sofá, acompanhando. Senti a surpresa e a curiosidade nos olhos dela.

Soltei as cordas, os pulsos bem marcados. Ele soltou um gemido de dor, mas não saiu do lugar.

“Vai lá pra tua posição. Gisele, dá uma licença, rapidinho?”

Ela levantou na hora.

“Sim, sim.”

“Vai lá pra tua posição.”

Ele demorou a se articular. Com bastante dificuldade, engatinhou cego até encontrar o sofá com a mão. Gemia e reclamava, choramingava um pouco. Ouvi dizer baixinho:

“Ai, Senhora, ai…”

“O que tu está falando aí?” Gisele olhou pra mim assustada, pois elevei a voz de repente: “Boca fechada na frente das visitas! Toma aqui, Gi, vai lá e dá uma varada nele.”

Ele estava pronto, em posição. Demorou a levantar, os joelhos estalaram, e ele tremia a musculatura para ficar em pé.

Ela hesitou.

“Vai lá, pode bater. Ele tá aqui pra isso. Aqui, bate.” Vapt! Vapt! Vapt! “Assim como eu faço.”

Entreguei a vara nas maõs dela.

"Eu não quero, Domme..."

"Viu, escravo, não agradou minha amiga. Não vai dizer nada pra ela?"

"Me perdoe, Senhora Gi, por não tê-la agradado."

Ela fez uma cara de pena.

"Deixa eu te falar uma coisa, Gi..." Dei uma risada. "Calma. Ele tá aqui porque quer. Ele que pediu, implorou, tu sabe. E não fica com pena. Você ficaria com pena é se soubesse o que se passa na cabeça dele quando não agrada."

Ela me olhou, apertou os olhos e suspirou.

"Tá bom, me dá."

Ela deu uma varada, sem jeito.

"Não Gi, assim ele não vai nem te agradecer. Bate forte."

Ela bateu forte. Bem forte. A vara zuniu no ar.

Ele deu um grito de dor, ela se assustou, levou a mão à boca de novo e me entregou a vara.

"Vou deixar isso pra ti, tá?"

Eu ri. Me detive apenas nos meus pensamentos. "Sim, deixa comigo."

Dei mais cinco varadas e mandei que ficasse de quatro e fosse para a área de serviço, vendado.

"Deixa eu beijar seus pés, Senhora?"

Coloquei os pés na frente dele, e ele beijou, agradecido.

"Espero ter agradado, Senhora Gi."

Ela não respondeu nada. Ele agradeceu e foi embora às cegas. Ela acompanhou com os olhos, se afastando do caminho dele.

Ela sentou de novo no sofá e conversamos mais um pouco. Ela não estava à vontade, mas disfarçava bem. Ria, me perguntava da rotina. Eu contei a ela com tranquilidade e naturalidade. E à medida que eu ficava mais na boa, menos ela conseguia disfarçar.

Nos despedimos.

"Eu passo lá amanhã para pegar o tênis, tá?"

"Tá bom!", ela gritou descendo as escadas. "Beijo!"

Voltei para junto do meu escravo, e deixei que ele ficasse quieto. Ainda estava de quatro e vendado. Tirei a venda e mandei que sentasse no chão.

"Oh... Muito obrigado, Senhora."

Ele sentou com dificuldade.

"Rafael, depois de amanhã é teu último dia."

Ele baixou os olhos e deu de ombros.

"É, eu sei. Não paro de pensar nesse dia. O que eu vou fazer?"

"Vai continuar a tua vida, e eu a minha."

"Mas vou sentir muita falta da Senhora, a Senhora sabe disso."

"Sim, eu também vou sentir. É sobre isso que eu quero falar. Tu vai começar as tuas aulas, não dá pra perder. Andei pensando em como você pode ocupar a sua mente quando não estiver estudando teus cálculos malucos."

"Sim, Senhora."

"Abre um blog na internet e conta as tuas experiências, as nossas. Pra mim também foi bem intenso. Assim, eu posso ler todo dia, e tu pode ocupar a cabeça trabalhando nisso pra mim. E esporadicamente, quando der, a gente se encontra. Não precisa falar só o que aconteceu, pode dar uma viajada também... Assim tu coloca pra fora o que está nessa cabeça."

"Sim, Senhora, eu farei. Farei tudo que ordenar, minha Deusa."

Mandei que fosse para casa descansar. Eu também estava cansada, queria ficar sozinha.

Os últimos dois dias foram tensos. Quase não falei com ele. Nenhuma ordem especial, nenhuma surra, nenhum xingamento. Ele fazia o trabalho quieto e por vezes parava, absorto. Eu fingia que não via. Ocasionalmente, quando o clima ficava muito pesado, dava uns tapas na bunda dele.

"Vamos nos animar, não é o fim do mundo, deixa eu ver o sorriso!"

Ele sorria e me olhava com olhos de cachorro abandonado.

No último dia mandei-o embora normalmente, sem nenhuma afetação e como se nada fosse mudar. Ele ainda era um escravo, agi como Rainha. Ele ficou de joelhos e beijou meus pés, também normalmente, como sempre fazia, mas não agradeceu. Apenas ficou ali um pouco mais, respirando entre eles.

Menos de uma hora depois, recebi um e-mail:

"Senhora, continuo cativo. O blog já está aberto, conforme a Senhora ordenou, e o primeiro texto já foi postado. Não vejo a hora de vê-la novamente e sentir Sua presença e Seu poder sobre mim. R."

Meu primeiro escravo 24 horas por dia, sete dias por semana. Ele me serviu mais vezes, sempre que podia, antes de viajar para o exterior para continuar os estudos. Disse que faria das costas dele o degrau para eu subir, e fiz. Ele deve estar orgulhoso do olho certeiro que teve ao me ver com tanto poder.

Capítulo seis

Após o transporte da minha bagagem para dentro do quarto do hotel em Belo Horizonte, Daniel fez uma pausa para observar o teto e a cama grande e espaçosa. Eu não tirava os olhos dele enquanto me atirava na cama, cansada depois do voo. Os sapatos apertavam meus pés, e sem hesitação ordenei que ele os tirasse e fizesse uma boa massagem por cima das meias de nylon. O quarto era aconchegante e tinha a cor do crepúsculo, já eram quase seis da tarde.

Daniel estava bem curioso para saber o que eu havia trazido nas malas, e ocasionalmente virava os olhos para dar uma espiada nelas — estavam superpesadas. Sei lá o que se passava na cabeça dele. Quando desviou o olhar dos meus pés, dei uma batida de leve com as solas na sua bochecha, para que voltasse a atenção para o serviço. Mas ele insistia, estava aos pés da cama, e eu via apenas o torso magro, a camisa social, e seu corpo revelava a intensa curiosidade.

Já tinha meus pés bem relaxados e fiz uma sugestão:

"Gostaria de uma amostra?"

"Sim, Senhora, seria maravilhoso, obrigado."

"Bom, primeiro temos que cuidar de uma coisa."

Estiquei o braço e peguei minha bolsa de mão, tirando dali uma coleira e uma guia — rapidamente pensei na mala passando pelo raio-X do aeroporto, engraçadíssimo.

“Não se preocupe, isso é para o meu novo animal de estimação.”

Ordenei que se ajoelhasse mais próximo de mim, e fiz questão de abrir as pernas para que ele encaixasse o corpo rente à cama. Notei o olhar hipnotizado pelas ligas segurando minhas meias, que desciam pelas panturrilhas até o salto. Magrinho e de calças largas, rapidamente dava para notar o volume entre suas pernas. Mandei que tirasse as roupas.

Coloquei a coleira no pescoço de Daniel, levantei seu queixo e disse:

“Está lindo assim, meu animalzinho.”

Daniel ficou envergonhado, vi seu rosto enrubescer enquanto eu ajustava a coleira e aproximava meus seios do rosto dele para acertar o fecho e prender a guia.

“Sim, Senhora, muito obrigado pela coleira e pela guia.”

“Está quente aqui, não? Estou com sede. Pega uma garrafa de água ali no frigobar para mim, Daniel.”

Ele não articulou palavra, apenas assentiu com a cabeça. Assumindo seu papel, foi de quatro até o frigobar, trouxe uma garrafa de água entre os dentes e a depositou ao meu lado, na cama.

Bebi a água com vontade. Estava quente mesmo, que cidade com clima estranho! Não estava acostumada. Ergui a cabeça para beber os últimos goles e quando abaixei vi que meu animal olhava extasiado para o meio de minhas pernas.

Puxei-o pela guia.

“Vem aqui bichinho, cheira a tua Dona.”

Ele se aproximou de quatro e enterrou as fuças entre as minhas pernas, fungando muito. Aspirava até encher completamente os pulmões, com muita força. Senti algo quente e percebi que ele abria levemente a boca. Puxei a coleira de soco e dei um tapa na cara dele, que acordou desconcertado.

"Shhh! Assim não! Só cheirando, bicho. Funga bastante e se acostuma com o cheiro da tua Dona, pra me reconhecer onde eu estiver."

Ele assentiu com a cabeça e não perdeu tempo, enterrou a cara na minha virilha, enquanto eu terminava minha água. Parecia querer entrar pelo meu corpo e absorver todo o meu cheiro de uma vez só. Pobre bichinho... Tão carente de uma Líder.

"Acredito que você também esteja com sede, não é?"

"Sim, Senhora, estou."

"Então venha comigo."

Levantei-o pela guia, o rosto estava vermelho por roçar o nylon, mas ele parecia hipnotizado. Conduzi o animal pela coleira até a mala — a tal mala, misteriosa —, caminhando a sua frente. Olhei por cima do ombro, vi seus olhos grudados na minha bunda rebolando de um lado para outro na saia justa. Parada em frente à mala, passei a guia entre as minhas pernas e segurei-a pela boca para ter as mãos livres. Inclinei bem o corpo para abrir o zíper da mala, e minha bunda tocou a cara do bichinho. Dobrei um dos joelhos para vê-lo melhor, e ele nem notou que eu o olhava, absorto que estava. Dei um sorrisinho de satisfação, tirei uma vasilha e coloquei no chão. Voltei a guia para as mãos e me coloquei na posição inicial, de frente para ele.

"Aposto que você está sedento, meu animal de estimação... Por que não bebe um pouco de água aqui?"

Apontei para a tigela no chão e coloquei o resto da água que estava na garrafa — pouquíssimo. Quando ele se aproximou, me coloquei rapidamente na frente e estanquei a coleira.

"Parado! Só quando eu mandar."

Me inclinei novamente, com a bunda virada pra ele, pernas abertas, e deixei minha saliva cair na tigela. Do ponto de vista dele, o cuspe desceu entre o triângulo de minhas pernas com o chão, direto para a água. Cuspi uma outra vez. Virei-me para ele.

Daniel olhou para mim com olhos suplicantes, como se perguntasse se isso era realmente sério. Não precisei responder. Meu sorrisinho no canto da boca revelou a expectativa em vê-lo fazer aquilo, e ele antecipou o prazer que eu sentiria.

Passei os dedos entre os cabelos dele e falei baixinho no seu ouvido:

"Você é um cachorrinho tão bom, e quer agradar sua Dona, não quer?"

Para minha surpresa, isso pareceu ligar (ou desligar, talvez) uma chave na cabeça de Daniel, tornando-o incapaz de resistir ao meu pedido. Rapidamente engatinhou até a vasilha e bebeu a água com vontade, ávido, esticando a língua toda no esforço de matar a sede e não deixar uma gota sequer.

Afaguei seus cabelos enquanto ele voltava para meus pés e me olhava com aqueles olhos suplicantes.

"Um animalzinho tão bonzinho!"

Ele sorriu.

Fiz com que sentasse sobre os joelhos e em seguida acariciei a bochecha do meu animal.

"Bom, agora vou soltar a guia, e você pode andar por aí. Não se preocupe, vou te chamar quando quiser a tua companhia. Pode andar pelo quarto à vontade, mas não toque nem lamba as minhas coisas. Se quiser um brinquedinho, pegue esses meus sapatos — os que eu havia acabado de tirar — e divirta-se com eles. Vou tomar banho."

Relaxei e deixei meu bicho solto no quarto. No início não saiu da minha volta, olhando para a minha bunda e as minhas pernas ainda com as meias de nylon. Sentada na cama, nem reparava mais na presença do cachorrinho, já estava com a cabeça longe... Me despi naturalmente, ficando completamente nua e mal notando a obsessão dele olhando meu corpo. Estava de quatro, num canto, estático. Não ousaria fazer um movimento, certamente queria aproveitar cada segundo da minha liberdade. Entrei no banho e o deixei ali no quarto, entre as minhas coisas. Devo ter ficado uns vintes minutos relaxando na água quente do chuveiro.

"Ei!" Dei um assovio de chamar cachorro: "Daniel, traga minha toalha!"

Em segundos veio ele de quatro, trazendo a toalha pela boca. Quando sabia que eu olhava diretamente para ele esperando o cumprimento de alguma ordem, não levantava os olhos para mim.

"Ótimo, volta!"

Deu meia volta e sumiu pela porta do banheiro, engatinhando. Sequei-me levemente, estava quente e queria estar fresca... Nada de esfregar demais a toalha. Passei um creme leve na pele úmida e sacudi os cabelos molhados em frente ao espelho. Enrolei a toalha no corpo e saí do banheiro. Onde estava meu animal?

Logo descobri. Estava embaixo da mesa em frente à cama, aninhado no chão, segurando meus sapatos com as duas mãos, chupando, lambendo, sugando com vontade, o nariz enterrado na sola suada, arfando muito, babando num frenesi; as pernas bem encolhidas na direção do peito, esfregando uma na outra num vaivém de quadril, certamente masturbando o pintinho, que naquele momento devia estar a mil.

Fiquei bem quieta, observando a cena. Que delícia, o bichinho estava entregue.

"Daniel, o que está fazendo com meus sapatos?"

Ele se virou em sobressalto, arregalando os olhos, abrindo uma das pernas e deixando à mostra o pintinho duro, com a cabecinha vermelha e lustrosa. Ficou sem reação, petrificado, com um salto do sapato ainda na boca.

"Parado."

Olhei pro meu cãozinho de pernas abertas e peito nu embaixo da mesa, com o pintinho avermelhado, pulsando. A respiração dele estava controlada, com certeza sob muita concentração. Um salto continuava na boca, e o outro bem apertado na mão.

Me aproximei devagar e levei um pé, gelado do laminado do quarto, até o pintinho duro. Passei a sola do meu pé pela cabeça do pênis. Parecia estar fervendo e com a pele bem sensível. Ele soltou um gemido de dor e prazer.

"Anda batendo muita punhetinha, é, cachorrinho? Tá com esse pintinho sensível..."

Abri os dedos dos pés e encaixei a pontinha do pinto entre meu dedão e o próximo, apertando um pouco a glande e sacudindo o pau, até ver as bolas sacudirem junto. Ele automaticamente fechou os olhos e sugou o salto, abriu mais ainda as pernas e cerrou os olhos de dor.

"Mas que cachorrinho tarado esse. Ficou a semana toda se esfregando, não é? Tá com o pintinho em carne viva!"

Ele pareceu alucinado entre a dor de eu tocar no pênis sensível e o tesão de sentir meu pé, agora com o calcanhar apoiado nas bolas e a sola na extensão, os dedos brincando na glande sensível. Automaticamente, começou a movimentar o corpo para frente e para trás, tirou o sapato da boca e colocou a língua pra fora, olhando como um animalzinho de estimação e arfando igual a um cachorrinho. Os braços já dobrados em cima do peito, as mãos como patas de cachorro.

"Arf! Arf! Arf! Arf!"

Senti meus dedos molhados de secreção, empurrando com eles o pintinho que teimava em ficar em pé na direção do ventre do animal. Ele se mexia cada vez mais, arfava de língua pra fora, vendo minha vagina começar a escorrer.

"Isso, meu cachorrinho... Tá doendo, mas tá bom, né? Bota a língua pra fora pra mim, meu cãozinho safado. Vai sair porra desse pintinho, vai?"

"Arf! Arf! Arf!"

Meus dedos estavam cada vez mais molhados. Tirei o pé dali e enfiei na boca do meu animal:

"Lambe tudo, cachorrinho, lambe. Limpa a sola da tua Dona."

Ele lambeu depressa, a ereção agora livre apontava pra cima, o pintinho vermelho balançava pra frente e pra trás. Ele lambia minha sola e chupava meus dedos sofregamente, arfando, sem conseguir parar de sacudir o corpo.

"Lambe bem a sola agora, deixa ela mais molhada!"

Ele lambeu meu pé em toda a extensão, e o acomodei de novo no pinto do meu cãozinho, baixando o pênis com a sola molhada. Sentindo a sola lisa e lubrificada com a baba, ele colocou a língua ainda mais para fora e virou os olhos, movimentando-se freneticamente, aproveitando a sola que deslizava pelo pênis e empurrava a glande com força entre os meus dedos.

"Arf! Arf! Arf! Arf! Arf! Arf!"

"O cãozinho quer gozar, é? Olha aqui a minha bucetinha, olha, cachorro safado!"

"Arf! Arf! Arf! Arf! Arrrrhhhhhh.... Aahhhhh!"

Senti a porra quente encharcar meus dedos e se espalhar entre eles. Meu cãozinho contraiu a barriga, estremeceu o corpo e lambuzou todo meu pé. Ainda estava de boca e olhos abertos, gozando e relaxando o corpo devagar. Não perdi tempo.

"Limpa."

Levei o pé até a boca dele e senti uma mudança sutil no olhar.

"Limpa agora. Não vai me obedecer e me agradecer?"

Mais uma vez algo se passou naquela mente. Daniel tomou meu pé esporrado entre as mãos e enfiou inteiro na boca. Sugou cada dedo, suspirando, relaxando o corpo, soltando o ar até o fim, realmente agradecido.

Serviço pronto, mandei que fosse de quatro se limpar. Feito isso, voltou a ficar pelos cantos do quarto, observando, pedindo atenção, enquanto eu me vestia. Em determinado momento, falei:

"Vi que hesitou antes de uma ordem minha. Isso não pode acontecer. Tudo que eu faço, faço para o MEU prazer; e isso pra ti é uma vantagem. Sempre vai saber que está me satisfazendo e que estou livre e à vontade na sua presença, sem frescura. Não te parece óbvio?"

"Sim, Senhora... Me desculpe."

"Como sou sua Dona, seu corpo é meu, em todos os sentidos. Se for um bom bichinho e continuar a me agradar, você ficará muito satisfeito. Acredite, eu sei como te dar grande prazer. Mas entendo que ainda tem muito a aprender, então não se preocupe se você falhar às vezes. Eu tenho formas de treinamento e disciplina que aos poucos vão te condicionar, e essas ocorrências cessarão. Você entendeu tudo o que eu disse, meu cãozinho?"

Daniel balançou a cabeça afirmativamente.

"Sim, Senhora, entendi perfeitamente. E esse é o meu maior desejo. Fazer as coisas automaticamente para o seu prazer. Quero ser ensinado e disciplinado."

"Que ótimo. Por hoje está dispensado. Nos falamos."

"Sim, Senhora."

Capítulo sete

Eu caminhava pelas calçadas sujas da noite paulistana e dava uma olhada rápida nos bueiros, pensando no que estava vivendo ali. Insistia em sair de salto sempre e, pela Augusta, toda montada, eu parecia uma trava. Não me importava. Elas são bonitas, corpos modificados e cibernéticos, pós-modernos e cheios de implantes.

Naquela semana estava bem sem grana. Fazia um tempo que estava decepcionada com a profissão e com o que a cidade me oferecia. Promessas de sucesso não cumpridas. Sexo dá dinheiro, mas não para todos. Tinha dinheiro para pagar o táxi de volta, isso se eu não pirasse e gastasse tudo em uma grande quantidade de bebida ruim ou em uma pequena dose de bebida boa. Dependeria do meu estado de espírito e de quem eu fosse representar.

Novidade na cidade e no cenário BDSM paulistano, eu recebia muitas propostas para sessões. Por toda a preparação, era apenas uma por dia, no máximo. Tinha muito prazer no meu trabalho, e até pouco tempo atrás estava ganhando bem, fazendo uma poupança. Algumas sessões boas, outras ótimas, outras ruins. E algumas muito, muito ruins. Não são as práticas, são as pessoas. Alguns praticantes de BDSM não são apenas praticantes, são doentes. Precisam de ajuda psicológica em várias esferas. Aproveitam-se da sigla de que, sendo SSC (São, Seguro e Consensual), tudo é permitido. E desenvolvem suas vidas sexuais baseadas em ideias distorcidas da realidade. Sofrem, com certeza. Quando não procuram uma terapia ou uma mãe de santo, contratam dominadoras profissionais.

Alguns têm ideias sexuais tão cristalizadas por anos e anos de pensamento ruminante que possuem um roteiro do que deve e do que não deve ser feito numa sessão, do início ao fim. Fetichizam a história que criaram, com seus personagens imaginários e cenas dantescas. A dominadora apenas cumpre um papel naquele enredo, é apenas um acessório. Esses praticantes não vivem, na sessão, um relacionamento ativo, de troca de poder, de dominação e submissão dinâmica.

Muitos desses bateram à minha porta. E foi muito, muito ruim. Acordava estafada e doente no dia seguinte, carregada. Naquele momento, percebi que ser apenas uma executora não era o meu desejo. Eu queria interagir e DOMINAR, era isso que eu sabia fazer e que me dava prazer de verdade, não os pilas que eu ganhava quando os clientes saíam pela porta. Isso não estava bem claro em mim quando me propus a viver como Dominatrix e não me culpei, pois havia traçado um plano de acumulação de capital para um projeto fetichista, um sonho antigo. Mas a realidade me levou a olhar para o meu cotidiano, e percebi que não estava bom. Foi algo que aprendi no dia a dia, na vivência dos meus prazeres e desprazeres.

Comecei a recusar atendimentos em que eu sentia que isso iria acontecer, pois essas sessões me faziam muito mal. Mais uma vez, me desviavam do meu caminho, me negavam a liberdade de ação e dominação psicológica. Por um lado sentia as coisas se esclarecendo e tomando o rumo certo, mas obviamente a entrada de dinheiro foi diminuindo, e minha preocupação, aumentando. E o flat? E as contas? E a comida? E as roupas, os acessórios, as ferramentas de trabalho? No final mandei tudo à merda, atendia apenas quem encaixava comigo. Mas o futuro incerto martelava na minha cabeça. Ansiava por um plano, uma solução, metas. Outra bobagem que depois reconheci: futuro? Não. Estamos condenados a viver no presente.

Na terça-feira tinha recebido um cara com bafo de merda. Não sou das que ficam cagando na boca dos outros, tenho prazer em defecar, mas em privado. Quando aquele cara chegou, bem vestido e com bafo de bosta, mantive a postura. Mais do que nunca, tinha que manter a altivez, sabe-se lá que tipo era aquele. Já tínhamos nos falado por telefone, e ele nunca havia mencionado coprofagia. Podia também ter fumado um charuto, o cheiro daqueles dentes meio podres e do resto de comida estragada no estômago com certeza também seria fétido. Assim como merda.

Foi uma sessão de asfixia, bafo de homem sofrendo, inversão e spanking, tudo muito seco, rápido, tenso e mecânico. O homem terminou falando da mãe doente e decrépita que estava internada num hospício, a família era rica, mas estava com os bens interditados. Num segundo, com algo que eu disse e nem lembro o que foi, levantou a voz e me agrediu, jogando sua podridão toda para cima de mim. Sua vida miserável devia estar mesmo uma bosta — como seu bafo. Só olhei e pensei de novo: bosta. Que vida de bosta esse cara deve ter.

Seguia pela calçada quebrada e olhava para o chão em alguns momentos, para não pisar em vômito ou alguma porcaria. Mas em seguida já estava olhando para as pessoas ao meu redor, os moderninhos de óculos quadrados, as putas, as gurias com o lado da cabeça raspada, copos de plástico nas mãos, cigarros. Todo mundo parecia tão feliz, todos cheios de amigos, suas turminhas legais pra caralho.

Sentei no primeiro bar e pedi uma cerveja. Velhos tempos de Lima e Silva, quando eu saía de preto e bebia olhando as pessoas em Porto Alegre. Tinha que sair preparada para ter meus pensamentos interrompidos pelos caras idiotas que não podem ver mulher bebendo sozinha.

"Uma Stella."

Foda-se, vou gastar mais enquanto sinto o gosto da bebida.

Fiquei imaginando como deveria ser um círculo boêmio no entreguerras europeu. Artistas, putas, musas, gente boa e gente ruim, todo mundo no mesmo barco se ferrando e falando bobagem. Mas *falando*, interagindo, dando cantadas baratas e sem se preocupar com o cabelo ou a Nikon. Ou não. Aquilo também foi uma grande mixórdia, como eu posso saber? Era um bando de artistas reconhecidos quando convinha à sociedade.

Olho para os lados, os corpos movem-se em aparente libertinagem, mas já sabem todos para onde querem ir; com suas próprias tesouras-design, cortam as cordas do Louco que insiste em puxar suas pernas e braços rígidos e ordenados para que dancem, sem razão. Querem uma noite alucinante. Alucinante? O que é alucinante para esses assistentes administrativos com piercing no septo? Pensam todos de forma muito rápida e fugaz, superficial, linkada, sabem nada de tudo e falam desse nada com muita propriedade.

E eu? Eu também sou uma filha da puta desse tipo. Segui a maldita fila; mas era tão mais fácil mesmo dar sorrisinhos e receber sorrisinhos. Agora, empreendedora, vendedora e marketeira erótica. Não, não tá encaixando, tá uma merda. Em que mundo eu estou? O Sábio ou o Louco?

Um cara hoje não pode mais sentar numa mesa de bar e conhecer os personagens sobre os quais vai escrever. Só observar, interpretar, categorizar e escrever tratados lombrosianos científicos e distantes, definindo as pessoas pelo tamanho da cabeça, a largura das narinas e o fluido que sai delas, a cor dos seus dedos e o tamanho dos seus peitos, artificiais ou não, seus paus, viagrados ou não, seus cortes de cabelo e suas pernas tortas pra dentro quando o flash é disparado sobre elas. Que malditos pés virados pra dentro são esses? Os descolados posam com os pés virados pra dentro.

Marta tinha ficado de aparecer, mas ligou dizendo que estava sem dinheiro pra semana e que, embora estivesse muito a fim de desopilar, o negócio — negação do ócio — ia pagar o flat dela. Ela era uma guria legal, estava na cidade para ganhar grana por sexo. Num dia em que o corredor do prédio ficou alagado, nos encontramos, ela enrolada na toalha, e ficamos ali discutindo se havia alguém morto no apartamento do lado, afogado na banheira — mortos não fecham a torneira. Nossa cabeça sempre querendo uma história mais emocionante, mas não passava de um vazamento normal. A partir daquele dia a gente sempre se cruzava, e começamos a conversar sobre nossas vidas e atividades.

"Ouço uns caras gritarem no seu apartamento."

"É, eu sou dominadora profissional." Sorri.

"Ah, eu sei... Já atendi uns assim. Ele vêm e pedem para você pisar na cara deles, xingar, comer a bunda deles. Mas os que fiz nunca mais me procuraram, ainda bem. Dá um certo medo."

"É, mais ou menos por aí. Os meus são fiéis, me procuram sempre. Eu gosto do que faço, e acho que eles sentem isso; querem se superar e dar prazer a alguém 'sádico' e que os controle. Estou dispensando os que fazem a linha mais cliente, os que pedem alguma coisa, os faça-isso-ou-faça-isso, ou não-pode-fazer-nada-disso--ou-daquilo."

Ela não deve ter me entendido muito bem. O que eu faço é muito raro no Brasil, e, perto do negócio das garotas de programa, representa menos de 0,0000001% de tudo. Além disso, estava começando a perceber que essa atividade se resumia somente a mim, só às minhas decisões e representações. Cada dominadora é um cosmo.

"Mas você faz sexo com eles, amiga?" Que coisa, o pessoal adora se chamar de "amiga".

"Não sou obrigada, a questão é essa. Estão ali pra me servir e me ceder liberdade total sobre o corpo deles. Para eu me sentir à vontade e fazer o que eu quiser. Na verdade, não tenho muito prazer na penetração, prefiro os vibradores e a masturbação, explorar as sensações do meu corpo."

Estávamos no terraço do prédio naquele dia. Ela tinha terminado de correr na esteira, um bundão enorme e peitão supersiliconado, pele alaranjada e cabelos loiros com uns cachinhos nas pontas. Uma guria legal, bonita, tinha vindo de Santa Catarina. Dava pra bater um papo.

"Hahaha, vou te dizer uma coisa, Marta. Tu ouve os gritos dos caras, mas eu também ouço tudo que acontece no teu flat. É uma coisa superrápida, né? Uma vez estava de bobeira ouvindo música e escutei uns quatro caras baterem na tua porta no mesmo dia."

"É amiga, tem dias que a coisa é agitada, hahaha. Só tomar banho e trocar de calcinha."

"Eu leio muita coisa no guia de acompanhantes, aqueles que dão notas pra vocês. O mais engraçado é que eles descrevem a foda como se fosse única, mas você lê os relatos e são todos iguais. Uma chupadinha, fica por cima, dá uma gemida, faz cara de safada, goza, banho. Outra chupadinha, fica de quatro pra piscar o cu e tentar tirar uns 50 pilas a mais e goza. E beijo-me-liga."

"Hahaha, é bem assim mesmo. Mas você acostuma. É um trabalho simples de fazer. A gente que está em flat tem uma vida boa. Claro que sempre tem uns boçais, a gente também é meio pirada, ficar sozinha, fazer sempre a mesma cara. Mas eu não reclamo, eu faço porque ganho uma grana muito boa."

Realmente, ela tinha um carro bem legal na garagem. E já tinha ouvido em suas conversas com as "amigas" que estava comprando uns terrenos.

"O meu não é tão prático assim. Mas eu não conseguiria fazer o que eu não tou afim de fazer. Eu admiro vocês porque trabalham da manhã à noite, acordam cedo, atendem caras de manhã. Eu, nem pensar. Não consigo fazer o que não quero fazer. Se acordo num dia down, fico assim e não tou nem aí se vai faltar dinheiro ou não. E fora que, para eu estar com um cara, faço toda uma preparação. Tem que ser real, um compromisso com o presente, sabe? Vestir látex, make lindo e alegórico, encarnar dominância, poder. Executar bem o serviço, direcionar uma catarse, um jogo, um teatro. Tem que ser artista, eu tenho muito emoção com o que faço. Ainda bem."

Ela ouvia e não parava de fuçar no celular.

"Mas tem uns caras que pedem umas coisas bem estranhas, né"?

"Ah, claro, tem gente que come merda; tem um que um dia pediu que eu espancasse a cara dele até deformar."

"Credo."

"Bá, isso é muito mais comum que você imagina. Enfiar a mão inteira no cu de um cara, por exemplo, fist fucking. Isso é fichinha.

Há uns poucos anos isso era um supertabu, hoje em dia você vê em qualquer sitezinho chinelo de pornografia."

Ela atendeu o celular.

Parei um segundo para observar o trânsito de helicópteros. Realmente, a internet estava cheia de coisas. Aquele sexo sujo e louco, que um dia foi sinônimo de transgressão, tema de livros icônicos, e que um dia serão esquecidos, e de luxúria galopante estava roteirizado numa linguagem hermética e, o pior, seca.

Seca. Vaginas secas, é só o que você encontra na internet. Olhei para Marta e a imaginei assim, sem pena e sem julgar se ela estava certa ou errada. Quem sou eu para dizer se uma vagina é mais importante que dinheiro. Eu ouvia mesmo, em dias de movimento, uns cinco caras, cerca de 30, 40 minutos cada um. Nos primeiros dias, grudava a cabeça na parede para ouvir a putaria. Uau, que legal! Que nada, era um saco. "Ah, hum, ah, hum"; um papinho tipo "de onde você é, ah, eu sou de tal lugar, o que você faz" e mais "ah, hum, ah, hum". Realmente, um trabalho fácil, ao menos do meu ponto de vista e segundo a própria Marta.

Às vezes ouvia ela discutir no telefone: "Ai, amiga, mas ele está se passando... Tudo bem ir no swing, tudo bem... Mas podia ter me avisado, né? Eu gosto dele, me dedico, são cinco anos, e o Rodrigo faz uma merda dessa? Puta que o pariu, né, amiga?"

Ela desliga o celular e volta os olhos para mim. Eu continuo olhando o céu e faço que não vejo.

"Amiga, vai ficar aí? Vou atender."

E assim começamos nossa amizade de "amigas". Aquela coisa me contaminou, também só a chamava de amiga. Um certo alívio. Sou péssima pra nomes e antes de ver uma pessoa sempre acho que esqueci o nome dela. Mais fácil assim. Amiga.

Eu já estava na terceira Stella.

"Amigo, aqui ó! Aqui. Me dá uma cachaça, escolhe uma bem boa pra mim."

Ia dar um trago no álcool brasileiro e levantar daquele bar. Aquela gente falando de produtora de vídeo, Bonde do Rolê e indo e voltando do banheiro pra cheirar estava me irritando.

Nessas horas eu me odeio. Sou uma filha da puta que se acha melhor que os outros. Como aquela gente pode me irritar? São tão perdidos quanto eu. Andava me questionando demais. Levantei do bar e segui pela calçada, entrando num local fechado, escuro, música. Os mesmos barbixas putanheiros e drogados, gente bêbada e meia dúzia sentada no balcão. Ali mesmo que eu ia ficar.

O som estava bom, PJ Harvey. Esperava não ter um ataque de som e fúria e ficar com as tetas de fora pra chocar aquela gente puritana que anda de All Star e surta nas calçadas. Uns minutos atrás passei por um cara gritando para uma guria:

"Você é uma filha da puta judia."

Ali sim me senti totalmente alheia, sem noção e dentro de mim. Uma demente sem entender nada daquela articulação urbana que trespassava a cidade.

Que porra era aquela?

Eram umas onze da noite. Cedo. O buraco já tinha seus frequentadores, que conversavam entre si. Uns sozinhos, outros daquele tipo amigão do barman. Vou ficar por aqui.

Não hesitei e continuei na cachaça. É automático sentir os olhares te fulminando quando "saltos" bebem cachaça, até numa das maiores cidades do mundo. Mas eu já estava meio grogue, qualquer miserável que sentasse do meu lado teria umas loucuras pra ouvir, adorava falar do meu estilo de vida. Exibida.

"Essa cachaça que você está bebendo é muito boa."

"Bá, é mesmo."

"Você não é daqui?"

"Não, sou de Porto Alegre."

"Mas bá, tchê."

Que saco. Dei um risinho, mais pra beiço mole de bêbada que pra boas vindas. Na verdade, estava me lixando.

"Meu nome é Paulo. E o teu?"

"Dommenique."

"Cara, dá mais uma aí! E então, Dommenique, o que você faz por aqui?"

"Sou dominadora profissional."

Não, nem pensei em inventar uma ocupação qualquer. E falar que é dominadora sempre gera assunto, menos mal. Ele ia me perguntar algumas coisas e eu discursaria sobre mim, meu trabalho, sobre a minha pessoa e meu ego. Um vício que estava a fim de largar, pois já dava seus sinais de decrepitude nos meus neurônios. Mas ali, na cachaça, não era hora para isso. Um pouco de taquicardia.

"Tipo essas que batem nos caras?"

"É. Eu como, bato, cuspo, xingo, faço um trabalho de utilidade pública."

Ele estava com o corpo virado pra mim, um dos cotovelos apoiado no balcão e a mão desmunhecada segurando a bebida. Largou o copo na poça de suor acumulado no balcão do bar e deu uma risada.

"Nunca conheci uma dominadora profissional. E como é, você transa com os caras?"

A mesma pergunta. Respondi da mesma forma, já tinha um discurso pronto.

"Cara, você parece muito interessante. Já tinha visto isso, mas não do jeito que você leva a sério", ele disse.

Ele falava e ria. Estava se divertindo e curioso, não me levando muito a sério. Certo, ele.

"E tu, o que faz?"

"Eu sou psiquiatra."

"Me explica: por que as pessoas comem cocô?"

"Hahahaha, não sei. Eu não comeria."

"Porque tá nos CIDs?"

Ele deu de ombros, tipo ah, sei lá.

Pedi uma água, já estava desfocando demais e achando ele bonito. Típico.

"E dominada, você já foi?"

"Já, claro, mas não senti prazer algum. Já fiz de tudo. Não tenho nada contra ser dominada. Meu estilo de dominação não passa pela castração masculina. Não tenho ódio de pau, pelo contrário. Por mim teria muitos, todos me servindo. Imagina na pré-história, todo mundo selvagem e sem referência alguma para gerar sexualidade. Qual era o sinal para cópula? Filmes pornô? Bundas supervalorizadas? Mulheres-objeto? Papo inteligente? Carro? Não. Era o cio. Uma gestação de nove meses, um parto difícil, cabeças enormes para sair pela vagina. Precisávamos preservar a espécie. Papo de bebum, é verdade, mas presta atenção: imagino as mulheres no cio, de quatro, e uma fila de machos atrás delas para enchê-las de porra. Uma boa forma de garantir uma gravidez. Não sei se, numa dessas, a mulher não descobriu o orgasmo estimulando a musculatura da vagina, pois o homem goza rápido demais... E uns vinte homens duros, um atrás do outro, de vários tamanhos e formatos, poderiam dar um tempo para a mulher gozar."

"Hahahahaha. Não sei. Muito anacrônico a gente falar sobre isso. Mas é uma questão."

"Com certeza. Minhas teorias etílicas."

Hummm, falou anacrônico. Achei ele mais bonito. Sexualidade total, nada a ver com instinto. Anacrônico eu só ouvia na faculdade de História, quando tentávamos trazer para o presente e para a contemporaneidade outras culturas e civilizações. Anacrônico. Toda história é uma história contemporânea, como diriam os caras depois dos *Analles*. Historiadores analisam sobras de documentos de uma época, vestígios, e interpretam à maneira deles e de acordo com a teoria na qual acreditam. O que em nosso passado seria verdade?

E ele falou de Lacan, que Freud era um velho tarado, mas muito esperto, falou das músicas de que gostava. Eu estava curtindo. E ele não tentava se aproximar de mim. Eu sim, cada vez mais lasciva e bêbada, já queria sexo. De alguma forma, o ato sexual foi sendo bem-sucedido na minha vida, e para mim era uma garantia de sucesso e posse final. Bobagem.

"Mas, Dommenique, e o namorado, o que o cara diz?"

"Olha, Paulo, eu não quero namorado. Quero uma necessidade. Ultimamente ando meio ruim, numas viagens bem estranhas, somatizando muita coisa. No meu trabalho — e na minha vida —, eu assumo o controle de todas as situações, metódica ou instintivamente. Às vezes fico olhando esses programas evangélicos na madruga e invejo aquelas pessoas. Elas realmente acreditam em algo, de verdade. Foda-se se o cara é um picareta, aquelas pessoas têm alívio. Quero que algo me tire de dentro de mim, me questione e me deixe sem respostas, sem chão. Não estou falando de amor, estou falando de mistério insondável. Eu sou muito egoísta, tenho muita personalidade e não me vejo no outro. Preciso relaxar, morrer um pouco."

Agora ele me olhava com atenção. E eu segui em frente:

"Vim para cá para estar num locus que simboliza liberdade. São Paulo. Teria liberdade supostamente sem julgamento, entre moderninhos e gente do mundo todo, ganharia dinheiro pra investir num projeto maior que não vem ao caso agora. Mas não rolou. Não estou conseguindo trabalhar, estou me destruindo, executando um monte de coisas que eu achei que seria capaz de fazer em prol de um sonho. Cobro caro, mas estou pobre. Minha natureza não perdoa. Recusei muito trabalho e fiquei sem um puto no bolso... E não tou nem aí, o que seria, a priori, inconcebível. É algo mais profundo que está me incomodando. Como o Rio de Janeiro de Pereira Passos, a cidade-símbolo do Brasil na virada do século XIX para o século XX, São Paulo também é um símbolo. Mas não passa disso. É a mesma porcaria que qualquer outro lugar, só um espaço mais ou menos organizado atulhado de 20 milhões de pessoas."

"Agora dá pra gente começar a formular uma teoria sobre comer cocô", disse ele, dando uma risada engasgada pós-gole.

"Ah é. O baixo clero vai dizer que eu preciso de um macho, ser dominada e pronto. Mas não é bem assim. O buraco é mais embaixo."

"Ó, tá começando o brainstorm sobre cocô, cu..."

Gargalhei.

"Pior. Mas não é de homem que eu preciso, de cuidado. É de vacuidade."

"É, tudo a ver com cu. Va-CU-idade."

Ele dava risada, bêbado, e não tava nem aí pro que eu falava, e isso não me incomodou. Estava ali filosofando coisas ainda sem sentido para mim e ele de certo pensando: "Putz, mulher faaaala". É, enche o saco mesmo. E resolvemos falar sobre cu, o que pareou o falatório: por que cu? Qual a origem da palavra cu? Um bom título de livro: *O cu através da História*? Ou quem sabe *A História através do cu*? Ah, dolorido cagar os livros. Por que alguns tomam no cu, e outros tomam do cu? Cagar é muito bom e relaxante, então por que cagar pro mundo?

"É, tem razão. Acho que aí entra o som da frase, é muito bom falar 'tou cagando pra você, filho da puta do caralho!'."

"Concordo. Também tou cagando, vamos cagar pro mundo."

E brindamos ao cu, nosso amigo, irmão camarada.

Saímos do bar cambaleando. A rua fervia. Era a hora do mundo anestesiado, duas da manhã. As esquinas lotadas. Capas pretas, camisas de banda, coturnos, blazers de brechó, cinturas altas e pregas nas calças, cabelos, bocas sem batom, barbas, óculos quadrados, cabeças raspadas e cabeludos, filmadoras. No dia seguinte voltariam para suas faculdades e empregos, postando no Facebook as fotos de cantos de mesa e olhares distantes, e eu também faria o mesmo depois de tratar as minhas. Para esse pessoal bastava o código visual e alguns momentos medíocres de aceitação entre amigos de bando. Que enfezamento, aquele que tranca e não sai... e dói. Eu também era assim.

Madrugada, as pessoas passam e nem sabem por onde andam. Negro acinzentado, esfumado, água empoçada nos bueiros, copos de plástico e bitucas de cigarro. A rua desaparece ladeira acima; o cimento alinhado com os prédios sujos e opressores some até definir um abismo. É uma mistura densa de várias cidades mal-acabadas, de perversidades veladas. Homens e mulheres caminham pelas ruas armados de tesouras nos bolsos, cortando os cordões do Louco que em vão tenta descolar seus braços e pernas; optam pela vida anacrônica. Anacrônico. Aquilo não tem nada de artístico, de alucinante, de desejos insondáveis. A cultura bulímica já devorou tudo aos baldes e regurgitou. Alguns seres juntaram esse vômito e o organizaram, categorizaram os restos orgânicos e processaram em grandes linguiças consumíveis, com marca e promessa de rebeldia pasteurizada.

Parei num canto e vomitei na calçada, respingando nos saltos. Vomitei. Vomitei. Vomitei. Fiquei lúcida por alguns momentos. Vomitei, senti a cabeça leve. Nauseada, a coisa toda saiu por cima no final das contas. Quase abrindo minha cabeça.

Assim conheci Paulo, o Psiquiatra.

Capítulo oito

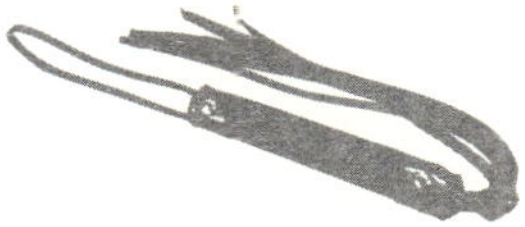

"Estou embarcando, Daniel. Devo chegar por volta das 17 horas. Me espere no aeroporto."

"Claro, Senhora. Mais alguma ordem?"

"Não, nada... Tudo tranquilo. Já almocei e só preciso que esteja pronto para mim."

"Sim, minha Dona. Sou teu cachorrinho?"

"Oh, Daniel... É sim. Meu cachorrinho de estimação. Como anda o pintinho?"

"Ai, minha Deusa, impossível me segurar. Sou um animalzinho. Lembro do seu cheiro, da cor da sua vagina, dos pelos do seu corpo e ele fica duro, não consigo controlar. Já tentei, mas é impossível. Amo te servir."

"Hahaha... Cuidado com isso. Vai cair esse pinto."

"Nem fale uma coisa dessas!" E deu risada.

Desligamos.

Gosto de conversar com meus escravos. Quando cada um sabe seu lugar e exerce sua liberdade de escolha, nada impede a naturalidade, boas risadas, sexualidade saudável. Não me envolvo com pessoas que levam a vida a sério demais e engessam os relacionamentos. Certo dia conversava com Paulo sobre isso, sobre esse feixe de relações que definem o poder. Você não encontra o poder num canto, em algum lugar, emanado de uma gruta secreta. Uma definição dessas não dá conta de uma gama de fenômenos, de um conceito que é entendido somente a partir de um processo mais ou menos organizado. Sim, todos partimos de um estado orgânico em que todos são iguais e por consequência pensamos em linha reta: terminaremos todos iguais, isso é natural. E o que acontece? Religião e mitos para uns, Estado para outros, e logo aparece a ideia de que não temos mais direitos e... Surgiu o poder! As relações de poder são desiguais, e só existem por isso.

Alguns praticantes de BDSM engessam suas relações, tamanha a necessidade que têm de um relacionamento que, no final das contas, não frutifica poder. Muito contraditório isso, num meio onde o poder precisa se desenvolver para legitimar o jogo. Existe a necessidade de que alguém esteja por baixo e forneça capilaridade, aceitação. Nos jogos de troca de poder isso é consensual, o submisso conscientemente se expõe para ser envolvido e dominado — e, principalmente, para sentir-se legitimamente oprimido, conduzido, regulado. Isso não é de todo mau. É a negação, o sombrio, o yang. Pela minha experiência, funciona muito bem com homens ansiosos e estressados. O BDSM utiliza uma linguagem, um aparato discursivo que antecede as próprias técnicas, vestimentas e regras. E claro, existe uma Dominadora também em desenvolvimento, num jogo mental constante; ela não está sentada num trono litúrgico e burocrático de Rainha de Copas.

Pousamos. 27 graus, quente essa cidade. No saguão do aeroporto, Daniel me acena.

"Eu pego suas malas, Madame."

Seguimos para o hotel em seu carro. Passei o trajeto todo em silêncio, pensativa.

"Tudo bem, Madame? Está tão quieta..."

"Claro, tudo bem. Não tenta me interpretar, cada um é um mistério. Estou superbem, nem te preocupa. Relaxa, tu sabe que fico muito à vontade contigo. Inclusive para não dizer nada."

Senti o alívio dele.

"Maravilha; isso me faz muito bem. Muito bem mesmo. Saber que a Senhora faz o que quer, sem tentar me agradar, me causa muita alegria."

Percebi que era verdade. Pobre homem. Não sabia muito da sua vida, mas era casado, funcionário público. Ansioso. Fiquei imaginando que pensamentos obsessivos ocupavam aquela mente, quanto stress antecipado era produzido quando se relacionava com as pessoas, quando escolhia as palavras. Sempre querendo agradar. Estar comigo era um alívio para ele, não exatamente uma alegria. Tomara que um dia sinta alegria de verdade, relaxado, sereno e lúcido da sua individualidade.

Chegamos ao hotel. Entrei no quarto, tirei os sapatos e, sem ordenar, ganhei minha massagem deliciosa, depois das malas desfeitas e dos acessórios dispostos nos devidos lugares.

"Você é um homem ansioso, não, Daniel?"

"Senhora, sim. Sou bastante ansioso. Descobri o que era ansiedade há pouco tempo, quando li sobre o assunto e várias coisas se encaixaram. A Senhora sabe", disse ele, dando de ombros, "tenho um monte de compromissos, todo mundo tem. Mas eles falam comigo, entende? Falam sem parar. E não é uma conversa, entende? É um disco arranhado, irritante demais. Não consigo parar de pensar neles até que a hora deles chegue e eu me alivie. É uma prisão. Não consigo não pensar, desligar a cabeça. Por isso gosto de estar contigo. Com a Senhora, desculpe".

"Tudo bem. Claro que está desculpado. Não quer pensar, não quer articular pensamento, definir o que fazer. Quer simplesmente entrar no piloto automático, anseia que eu tome as rédeas da minha vida na sua presença e deixe isso MUITO claro. Por isso você implora para me agradar, não é, meu bichinho?"

Ele levantou a cabeça e me olhou da beirada da cama com as mãos ainda em meus pés.

"Você implora para me agradar, não? Precisa disso."

"Sim, a Senhora sabe. A Senhora tem o controle. Eu quero muito lhe agradar."

"Esse é o meu cachorrinho!"

Comecei a me despir sob seu olhar atento, até estar nua diante dele. Calcei os scarpins novamente e desfiz o coque dos cabelos. Cheguei bem perto de seu rosto, ele ainda sentado sentiu o cheiro do meu sexo.

"Quero que tire sua roupa, meu cãozinho. Já demos nosso passeio, e agora você está livre para ficar nu em pelo."

Ele não foi rápido, nem atrapalhado. Estava concentrado sentindo os odores, olhando meus seios, minha barriga, minha vagina e meus sapatos. O corpo magro e baixo estava naturalmente entrando no seu estado vulnerável, exposto, fraco; e ele se sentia bem assim. Dobrou as roupas e as colocou em cima da cama, tirou as meias e sentiu-se livre. Vi em seu olhar que sentia-se só e alegre, em um vácuo de pensamento, algo próximo de, quem sabe, um louco. Um animal, vivendo seu mundo e sua perspectiva. O pinto duro não pulsava, apenas estava ali, parte daquele ser.

Quis inspecioná-lo e explorar cada centímetro do corpo à disposição.

"Fica em pé. Abre bem as pernas e coloca as mãos atrás das costas. Teu corpo é meu, te dou o prazer de não comandá-lo mais. Vou controlar seus movimentos e seus orgasmos. Pode levar muito tempo até que um jato de porra saia de dentro de você, ou que nada saia se eu não quiser. E será tudo, tudo em minha homenagem, tudo em agradecimento ao bem que eu te faço."

Ele suspirou, profundamente. Estava bem.

"Se for preciso, colocarei o cinto de castidade no MEU pinto. O MEU pinto gosta dessa ideia, não é? O meu cachorrinho está feliz?"

Ele demorou alguns segundos e respondeu:

"Sim, seu pinto gosta muito da ideia. Ele é seu. Nada nessa carne me pertence mais, e sou grato à Senhora por me dar essa oportunidade."

Estendi a mão e apoiei no seu rosto, puxando-o para junto de mim pelo pescoço. Rocei meus mamilos no corpo dele até ficarem duros, sentindo muito prazer. Com a outra mão, peguei suas bolas e as acariciei lentamente, segurando e apertando, sentindo a pele depilada e macia. Daniel gemeu e seus joelhos se dobraram levemente.

"Sim, sou seu, minha Dona... Minha carne é sua..."

Passei a ponta das unhas em seu mamilo esquerdo, deixando-o duro, e fiquei brincando com aquilo, me deliciando com a fraqueza que tomava conta de seu corpo. Dei uma mordida, ele gemeu de tesão.

"Tu gosta, meu animalzinho... Gosta de se oferecer para sua Dona... Olha só, fica duro... Gosta de ser meu, não?"

Abracei meu corpo nu ao dele, empurrando o pintinho duro no meio das minhas coxas. Prendi seus pulsos nas algemas e o empurrei de costas até a janela fechada. Prendi as algemas no trinco, com o mosquetão que já estava fixado ali.

"Dá uma última olhada no meu corpo, meu cachorrinho", disse eu sorrindo, passando as mãos pelos seios, apertando os bicos, flexionando as pernas, rebolando os quadris pra lá e pra cá, acariciando minha vagina e chupando o dedo e sorrindo.

"Hummm... O gosto está delicioso..."

Meu cachorro estava ali pingando, olhando fixamente para os movimentos de serpente do meu corpo, eu exibindo a vagina e umedecendo os bicos dos seios com o que escorria dela. Coloquei uma máscara de látex negro nele, sem abertura nos olhos, e aí o bichinho entendeu por que eu falei para olhar pela última vez.

Um dos meus fetiches mais antigos é por máscaras. Mas não máscaras venezianas, de carnaval, máscaras enfeitadas e festivas. Gosto é da incógnita. Da máscara que não revela identidade, da máscara sem feições. Lembro-me da minha primeira infância, num carnaval de rua, eu na calçada e alguém se aproximando de mim, correndo na minha direção de braços abertos, festivo, alguém desconhecido, abaixando-se à minha altura e sorrindo com os olhos perdidos num rosto que não era nada. Apenas uma cabeça preta, sem nome, sem identificação. Tive uma emoção muito forte, a ponto de gravar na memória e lembrar do episódio até hoje, e a ele agregar elementos eróticos e sexuais.

A cada vez que via uma máscara num clipe, num comercial, na rua, num filme, ficava excitada. Enquanto as minhas amigas achavam o carinha do Menudo lindo, eu era amante do Darth Vader. Mais tarde elas gostavam do Axl Rose, eu do louco de *Sexta-feira 13*. A viagem não era nos assassinatos nem na crueldade, eu só via a máscara.

Quando vi as primeiras imagens de máscaras de gás, pirei... E quando, nos primórdios da internet, vi o vídeo de um homem com uma máscara de gás negra, completamente fechada, afunilada, sem olhos e clean, apenas um pequeno orifício circular na boca, e o ser ali, a câmera fechada em close, ele só grunhindo e gemendo um som abafado, rouco, de uma possível masturbação e orgasmo, eu senti. Me masturbava compulsivamente, todos os dias, olhando aquele vídeo de dois minutos no repeat, os olhos grudados na tela vendo aquela cabeça se contorcer, gemer, angustiada de tesão, aquele som grave e furioso do gozo. Máscara. É o principal artifício para me levar pra outra realidade, uma chave que dá um click e me coloca em outra dimensão rapidamente. Fetiche puro.

Fiquei uns minutos parada, olhando Daniel mascarado, extasiada, até que ele perdesse a noção de onde eu estava no quarto e eu cansasse a retina daquela visão maravilhosa. Dei uns passos. O som dos saltos o fez levantar a cabeça prontamente, sem saber para onde se virar. Parei novamente em outro canto. Esperei.

Mais alguns passos, sons de salto pelo piso laminado.

Abri o laptop e me olhei de relance no espelho. Me sentia linda nua e de saltos, empinei bem a bunda enquanto o computador inicializava. Desci os olhos pela minha silhueta de perfil, as pernas longilíneas, a barriga seca, os seios soltos com os bicos rosados e pontudos, o cabelo caído de lado. Virei de frente para o espelho sem fazer nenhum barulho e apertei as tetas. Como é gostoso encher as mãos com elas. Desci os dedos e enfiei um na vagina, para molhar a ponta do clitóris.

Uma música boa, sim... Quero uma música bem forte. Peaches de novo? Não. Massive Attack? Não... Não era isso. Estava sentindo saudade das músicas densas. Aqui, achei: "Burn", Sisters of Mercy.

A música começa, fecho os olhos. A voz gutural vem aos meus ouvidos, me arrepio. Tiro os sapatos e calço botas até as coxas. Pego meu corset de látex preto e cheiro fundo a borracha, antes de apertá-la na cintura.

Quando abro os olhos, tudo gira ao meu redor. Vejo aquele animal ali, preso, nu, de pau duro. Aumento o som, ele levanta a cabeça, me procurando, cego do jeito que está, ansiando pelo som dos saltos.

Já é noite e nem me dei ao trabalho de acender as lâmpadas. A luz que sai do computador me lembra das noites insones em frente à TV, aquela cor azul piscante, hipnótica, de madrugadas pouco lúcidas e cheias de pensamentos, luxúria, tédio, confusão, incógnitas, tropas nazistas marchando nos documentários, insetos acasalando entre uma cochilada e outra, surrealismo.

Quando vi já estava com o rosto colado no dele, sentindo o cheiro acre de sua respiração. Ele abriu a boca, senti o hálito quente batendo no meu queixo, dobrou os joelhos e jogou a cabeça para trás. Puxei sua cabeça e dei um beijo na boca do bicho, um beijo molhado, cheio da saliva que ele já tinha bebido, lambi aqueles beiços contornados de pelos hirtos, passei a língua entre os dentes dele e as gengivas, segurando a cabeça com as duas mãos e sugando todo o ar que podia tirar daquele corpo pequeno, que eu alcançava abrindo bem as pernas e ajustando os saltos em simetria, roçando as tetas duras nos pelos ralos do peito e empurrando o osso da pélvis com firmeza, esmagando o pinto duro.

"Abre mais a boca pra mim, cachorro, bota essa língua pra fora."

Chupei aquela língua com força, até molhar bem a minha boca e devolver a saliva misturada, grossa, quente. Sugava aquela boca de animal e me contorcia, nua, subindo e descendo, esfregando a vagina molhada na pele dele; ele abria mais a boca, o pescoço e as pernas cada vez mais moles. Ele gemia, estava em transe e instintivamente roçava mais e mais o pinto nos meus pentelhos ralos e duros, que começavam a crescer, machucando a pele sensível do pênis.

Agarrei sua cabeça com mais força e me afastei, vendo o corpo ritmado procurando por mim, se contorcendo e balançando o pinto.

Dei-lhe um tapa forte na cara babada. E outro, e mais outro. Ele urrou de dor, jogando o pescoço de um lado para o outro. Peguei-o com as duas mãos e novamente beijei sua boca com vontade, fazendo com que respirasse meu hálito quente. Ele não se conteve e esfregou o pinto em mim, como um cachorro atrás de uma cadela no cio.

Mais uma sequência de tapas ainda mais fortes. E disse em seu ouvido:

“Te dei permissão pra esfregar o pinto em mim? Quem se esfrega aqui sou eu, a minha buceta é que manda, cachorro vadio! Vai admitir de uma vez por todas que estou sendo safada com você? Te usando?”

Ele parou no mesmo instante, o pinto duro e pingando, as pernas tensas, a respiração ofegante e a boca aberta de tesão.

“Parece que você acha que pode simplesmente fazer o que quiser com o meu corpo sem a minha permissão. É o que eu entendi, meu cachorrinho? Está desobedecendo sua Dona?”

“Não, Senhora, não, Senhora, por favor, eu imploro... Eu imploro para gozar... Não aguento mais.”

“Sou boazinha pra ti, meu bichinho; vai admitir quem eu sou, com orgulho.”

Rapidamente rasguei um pacote de camisinha e coloquei no dedo. Pisei nos pés com as botas de saltos pontiagudos e me segurei na sua nuca com uma das maos, para eu me apoiar e para que não se movimentasse. Enfiei o dedo emborrachado dentro dele.

"Não, Senhora, não..."

"Shhhh! Fica quieto!"

Explorei o cuzinho dele com o dedo e senti a próstata muito dura, grande, inchada. Estava mesmo a ponto de gozar.

"Seu pintinho é meu, o gozo dele é meu, e quando eu ordenar."

Com o dedo médio enterrado no cuzinho do meu bicho, continuava a esfregar o corpo nele, subindo e descendo a bunda pela sua virilha e apertando a próstata inchada.

Saí de cima e tirei o dedo devagar. Peguei um pequeno plug, pequeno mesmo, mas com um diferencial: tinha uma bateria de três volts. Mandei que abrisse um pouco as pernas, ele estava muito tenso.

"Meu cãozinho, vai doer só um pouquinho, tá? Mas já vai passar."

Com uma certa resistência no início, forcei um pouco e logo o plug sumiu dentro dele. Com um controle nas minhas mãos, disse:

"Agora você vai sentir seu cuzinho piscando para mim, mesmo que não queira."

Dei uma risada.

Ele estava nervoso.

"O que é isso, minha Dona?"

"Você vai ver. Melhor, vai sentir."

Liguei o eletroestimulador, que dava choques alternados na próstata, fazendo com que a musculatura se contraísse involuntariamente e o pau latejasse cada vez mais.

"Oh... Ai, minha Dona... Arf! Arf! Arf! Arf!"

"Isso...Tá vendo como eu sou boazinha? Tá sentindo o pau latejar sozinho, tá?"

Toquei com as unhas de leve no pinto dele, que estava supersensível e latejando em compasso, coordenado pela corrente elétrica do plug.

"Ahhhhhhh.... Ai, ai, ohhhh... Não estou aguentando de tesão, minha Dona... Imploro, eu imploro para gozar!"

"Mas como você vai gozar, cachorrinho? Não vou tocar no pintinho, nem você..."

"Mas não estou aguentando mais... Ah... que tesão... que tesão forte, quero gozar, mas não consigo! Sinto que vou esporrar, mas não consigo... Ah... que tesão..."

Ele não podia me ver sorrindo de satisfação e prazer ao ouvir aquilo e tocar o clitóris duro de tesão. Chupei meus dedos lambuzados e beijei-o na boca novamente, ele sugou meu gosto e notei que se controlou ao máximo para não encostar o pintinho explodindo em mim. Já tinha levado várias bofetadas e entendido bem o recado. Belisquei com força os mamilos dele, apertei por uns segundos até que ficassem bem doloridos e soltei, ouvindo um gemido. Lambi a pele machucada pela pinçada das minhas unhas.

"Isso, meu cachorrinho... Assim tu me deixa muito satisfeita. Sentiu o meu gosto? É o teu prêmio por hoje. Agradece."

Dei a entender que havia acabado.

"Obrigado, Senhora, muito obrigado... Ah... Não aguento mais... Muito obrigado... Faz o que a Senhora quiser fazer comigo, eu imploro!"

Aumentei o ritmo do plug. E ele gritou:

"Ah... Não, não... Não aguento mais... Mulher safada!!! Mulher safada, perversa!!! Me deixa louco!!! Quero gozar, quero gozar!!! Me usa, mulher, me usa!!! Eu admito... a Senhora é uma fêmea safada e eu sou seu animal!!! Faz o que quiser comigo, o que quiser!!!"

Eu ria e me deliciava! Finalmente era um macho adulto.

"Já fiz, por hoje é só. Abre a boca para eu colocar a mordaça."

"Não, não...!"

Não tinha escapatória. Ele lutou, mas não tinha o que fazer a não ser aceitar. Com certeza faria TUDO que eu mandasse naquela hora, com o pau pulsando e a próstata contraída.

Me afastei e ele continuou lá, preso, gemendo, se contorcendo como um animal enlouquecido, balançando o pinto para que, em vão, encostasse em alguma coisa e liberasse o fluxo. Fazia o movimento com tanta força que batia a cabeça do pau no baixo ventre, na tentativa de aliviar o tesão. Segurei o controle do plug, fixei o olhar no meu bicho. E ele, babando e se contorcendo, gemendo e tentando articular palavra, reclamando e rosnando, ouviu apenas meus gemidos:

"Mmmmmmmmmmm... Está me agradando bastante, cachorrinho de mulher... Isso, meu bichinho, isso... oh... que tesão..."

De súbito estancou, duro, teso, vendado e amordaçado, com os quadris projetados à frente pelos músculos da bunda, as pernas retesadas, o pinto apontado pra mim e ainda pulsando sem parar. Contraiu fortemente a barriga num sofrimento inimaginável e desesperado, grunhiu alto, apertando mais a bunda e cerrando a boca angustiada, disforme e desesperada.

"Urggghhhhhh... não aguento... mais..."

Olhei a cabeça do pau inchadíssima, que, de repente, parou de pulsar. Três segundos. Pronto.

"Uurrrrrhhhhggggffffff... Annhhhh... Urrrmhh... Grnnnnnnhhhh..."

Os jatos de porra grossa e branca voaram na minha direção, melando meus seios e minha barriga. O cheiro forte de água sanitária subiu às minhas narinas.

Dois suspiros de animal adulto. Fortes.

Estava acabado, relaxado. Solto, beijou meu rosto com muito carinho, lambeu a porra do meu corpo ajoelhado e, desse jeito, abraçou a minha cintura e descansou a cabeça.

Capítulo nove

"Alô?"

"Oi, Domme!!!"

Reconheci a voz na hora, era o Fred.

"Hoje vou passar aí pra te levar os teus presentes, chegou tudo, muita coisa legal."

"Bom, hoje, eu te..."

"Vai estar aí a que horas? Tudo coisa vip, Domme, alto nível!"

"Melhor voc..."

"Aqui o negócio é top! Sabe como é, né, Domme, alto nível. Tem que saber levar as coisas. Os saltos estão lindos."

Desisti de tentar falar e dei risada.

"Tá, vem às nove, te espero."

"Ok, beijo, tchau!"

Sentei no parapeito da janela. Eram dez da manhã, e parte dos sete milhões de carros já estavam enfileirados nas ruas. Fico absorta olhando as filas, as formigas, as pessoas; o que será que se passa na cabeça daquela mulher ali?

Música, quero ouvir. PJ Harvey.

Vou para o banho e peço um sanduíche. Banho tomado, como e fico atirada no sofá atualizando o site, respondendo e-mails, escrevendo uns textos que um dia poderiam servir para alguma coisa. Twitter, Facebook, tratei umas fotos e postei. Uma coisa puxa outra: curtir comentário, curtir foto, comentário, curtir, curtir, agradecimento, curtir.

Toca o telefone.

"Ah, sim, manda um e-mail. Agora não posso falar com você."

Um qualquer.

Foto no Tumblr, atualização no blog, encaminhada direto pro Twitter. Comentário, curtir, curtir, agradecimento, "kkkkk", "=)", mensagem recebida, respondo rapidamente.

Toca o telefone:

"Oi, Artur. Sim, é para ter assinantes. Mas no futuro. Não tenho material suficiente para competir com as melhores do mundo. Para chegar a 40 mil fotos e vender assinatura a rodo ainda vai levar um tempo. Em seguida te passo uns exemplos do que eu quero."

Curtir. Curtir.

Posto um vídeo.

Curtir, curtir, curtir. Comentários vazios de submissos virtuais, alguns outros relevantes. Curtir. Curtir.

Já está tocando a próxima faixa:

I bore myself to sleep at night
I bore myself in broad daylight coz
I'm bored
Just another slimy bore
I'm free to bore my well-bought friends
And spend my cash until the end coz
I'm bored

I'm bored
I'm the chairman of the board
I'm sick

Ótimo, Iggy, ótimo! I'm sick!
Fico grudada na tela do computador, não consigo sair dali.
Curtir. Curtir. Curtir.
Promoção de sapatos.
Perca 12 quilos em uma semana, sem dietas e sem academia.
Comentários. Respostas. Curti.

Just another dirty bore
All right doll-face
Come on and bore me
I'm sick
I'm sick of all my kicks
I'm sick of all the stiffs
I'm sick of all the dips
I'm sick

43 pessoas curtiram isso.

Comentários.

Domingo Alicinha não vem, que saco. Mas nem vou tocar na louça.

Twitter.

Atendo o telefone.

"Oi, Fred, diga!"

"E o látex, Domme, tou recebendo os látex! Tipo assim... Coisa top! Comigo não tem meio termo, é tudo top, entende?"

"Claro que entendo! Beijo."

Voltei para o computador. Fui tirar um cochilo.

Andava com o sono entrecortado pelo simples fato de saber que teria de acordar. Ansiedade pura. Os aviões não paravam, o vento estava bom para que passassem bem em cima do prédio.

Liguei a TV, uma companhia. Documentário sobre calendário maia, final dos tempos. Foi um sono leve, ouvindo: "Mayday! Mayday!" Abri levemente os olhos, outro documentário. Não quis nem olhar o relógio, mas o pensamento não saía da cabeça. Olhe, olhe, olhe, olhe.

17h45.

Me restava pouco tempo de sono. Que saco.

Acabei levantando dez minutos antes e desliguei a droga do alarme.

Banho.

Saí renovada. Sentei na cama por alguns minutos, absorta num vácuo mental. Senti uma leve taquicardia, algo involuntário, aleatório, que me escapava. Sem controle.

Vamos levantar!

Parei nua diante do espelho. Olhei cada recanto do meu corpo, principalmente os quadris e a vagina, o umbigo e a cintura. Girei o corpo e o admirei. Sim, estava novamente no controle. Acordei, abri o laptop. Música, claro. Deixei rolar uma rádio qualquer.

Olhei para o armário e escolhi a roupa. Vestido azul-metálico, luvas azul-metálico, um bom salto. O cheiro do látex já me levava para outra instância de realidade, ainda bem que eu usufruía desses artifícios.

Prendi os cabelos para me maquiar. Uma dermatite dava sinais no queixo.

Não ando muito bem. Mas não processei esse pensamento. Me maquiei, adoro fazer isso. Batom nos lábios, rímel acentuando o azul da íris. Cerrando os olhos, mandei um beijo pra mim mesma. Gostosa.

Vesti o látex e os tamancos. Voltei para frente do espelho para colocar as luvas. Oh, que delícia de toque. Peguei o óleo e passei no vestido, em toda a extensão. Empinava cada parte do corpo para esticar bem o látex e passar as mãos encharcadas e firmes.

20h50.

Nove e cinco ele chega.

"Oi, Domme!"

Entrou com uma caixa de papelão enorme e uma mochila. A casa já era dele.

"Olha aqui, trouxe dois CDs, coloca aí pra gente ouvir."

House music, bem o estilo top dele. Música boa de festinhas de it-girls.

Começou a abrir a caixa de papelão, e lá havia várias, várias caixas de sapatos. Foi tirando uma a uma:

"Olha esse, Domme. Que lindo, coloca!"

Pegou o interfone e pediu:

"Amigo, manda duas doses de Black Label e dois Red Bull. Dinheiro."

Eu estava curtindo tamanha energia, me distraindo com a figura e ignorando alguns sinais do meu corpo. Senti uma leve taquicardia de novo, mas logo já estava atenta a Fred:

"Olha esse aqui, que máximo. Top, não? Coloca. Posso fotografar?"

"Claro!"

"Ah, tou vendo que você gosta de sapatos." Click, click. "Essa é uma supermáquina, filma em HD, ótima, olha como tá ficando."

"Tá lindo!"

As bebidas chegaram. Sentei no sofá com os tamancos novos. Fred não parava de fotografar.

"E então, Domme, como está aqui? Bom esse flat hein? Muito legal!"

Comecei a emudecer. Observá-lo falar e se exibir estava ótimo. Era um cara bonito, traços italianos, branco, cabelos pretos, dava pra ver pela roupa que era mesmo tipo... Top. Eu me divertia.

Sentou do meu lado, a música rolando. Começamos a beber. Tirava sapato por sapato das caixas, muito alegre, enérgico, mostrando os saltos:

"Olha esse, que lindo, Domme!"

"Esse seu tá lindo, também."

"Olha só, Domme, vamos combinar uma coisa: eu compro pra você. Depois a gente entra num site e compra, você merece!"

Eu só bebia e ria.

Ele tem um jeito de olhar muito sedutor. A cada final de frase aperta os lábios e dá uma piscada de lado, querendo te dizer: "Entende? Entende como são as coisas?", sempre sorrindo e falando sem parar, por vezes autoritário. Vida a 500 volts.

Pra mim estava muito bom, ótimo. Estava me divertindo muito.

Levantei e fui até o quarto.

"Onde vai, Domme? Domme, o que é hard bondage? Vamos fazer? O que vai fazer comigo, Domme?"

"Já volto."

Mais uísque e mais energético chegando. Eu já estava tonta, dando uma enrolada para não beber demais.

E fotos, muitas fotos.

Voltei do quarto e coloquei no sofá o que ele ia usar.

"Olha o que eu trouxe pra você."

"O que é isso, Domme? Gostou dos saltos, Domme? Olha esse aqui que eu trouxe pra mim, um Louboutin 40!"

"Nossa, lindo. Quero um pra mim!"

"Eu te dou!"

"Tá, calma, agora olha ali."

Peguei-o pelos ombros e virei o corpo para o que eu tinha trazido. Tive que fazer assim, senão não pararia quieto.

Cinta-liga, meias sete oitavos, blusa, máscara e corset. Tudo de látex.

"Veste pra mim, vamos nos divertir mais."

"Vamos! O que é hard bondage, Domme?"

"Veste isso, depois eu te mostro."

Com a mesma rapidez que falava e decidia as coisas, muito independente e livre, vestiu as roupas e... ficou lindo.

Olhei para ele com outros olhos.

"Agora vamos apertar esse corset."

Apertamos em frente ao espelho, a cintura ficou marcada na hora. Tinha um corpo magro, elegante e mal se viu no espelho começou a fazer poses empinando a bunda, colocando o dedo na boca. Abracei-o por trás.

"Isso, olha como tá lindo!"

"Tira foto, Domme, tira."

"Vai ali pra cima do sofá, faz uma pose bem legal. Vou te dirigir. Mas calma, falta uma coisa."

Peguei um batom bem vermelho e passei na boca dele. Senti que gostava de se maquiar e caprichei.

"Agora sim!"

Foi para o sofá.

"Fica de quatro, apoiada no sofá, de costas. Isso, empina a bunda, tá linda."

E ele empinava bem a bunda.

"Junta mais as pernas, para aparecer bem o salto. Faz cara de vadia, bota essa língua pra fora!"

Eu estava adorando. Ele fazia caras e bocas, arrebitava a bunda, mudava as poses e se exibia todo. Muito alegre, muito divertido.

"E então, Domme, tou bem?"

"Tá linda, com esse Louboutin, então..."

"Eu compro um pra você, Domme. Alto nível."

"Tá certo", e eu ria. Naquele momento, não sabia por quê. Estava bêbada e algo começou a me incomodar no comportamento dele. Autoritário.

Fomos para frente do espelho e começamos a nos esfregar. O óleo do látex nos dois corpos facilitou, e logo a luxúria estava ali. Música boa, as duas tontas, muito beijo na boca na frente do espelho. Dessa vez não apenas eu olhava a cena, mas ele também, e sentia muito prazer em ver o que estava acontecendo. Se exibia, rebolávamos os dois, abraçando e beijando a boca borrada de batom, muita língua e desejo. Ficamos nos amassando ali, esfregando o látex, passando as mãos no corpo um do outro, beijando sem parar. Um tesão. E gostei de ele adorar se ver, era um verdadeiro exibicionista e estava se achando lindo, desejável, gostoso.

"Tá bom, né, Domme?"

"Tá muito bom, tá muito bom."

"O que vai fazer comigo, Domme?"

O pau dele estava duro embaixo da cinta-liga de látex.

"Vou bater na sua bunda, é isso que eu quero fazer."

"Ah, sério, Domme?"

"Sério."

"Então vai, pode bater. Bate, Domme, bate!"

Fiz com que virasse a bunda branquinha pra mim e mandei vários golpes de palmatória.

Estava bêbado e me aproveitei.

"Para, Domme, sério. Para, tá doendo."

“Ah, tá doendo? Pois tu veio aqui pra quê? Pra ficar se exibindo e mandando na minha casa?”

E batia mais.

“Sério, Domme! Ai, ai, tá doendo!”

“Tá doendo nada... Tu aguenta! Tá toda exibida aí, me esfregando e me excitando, quer que eu faça o quê? Tu sabe do que eu gosto, quem mandou ficar me arretando?”

“Ai, Domme, sério. Agora é sério... Ai, ai, tá doendo muito.”

Ele dizia aquilo, mas não fugia, continuava com a bunda virada para mim. A bunda branca do Velho Mundo estava num vermelhão.

“Ok, parei. Vem cá.”

Levei para frente do espelho, e ele me prensou na parede. Claro, na hora senti que não era um submisso, mas um macho fetichista. Saquei o que estava me incomodando. Nada contra, mas apareceu na minha casa apresentando outros termos. Só que, claro, nossa troca era legítima, o uísque era bom e o Fred começou a aparecer. Normal, assim que está certo. Mostrar como é.

Me botou na parede e me beijou bem forte, esfregando o pau em mim.

“Tá bom, né, Domme?”

“Tu está lindo com essa máscara, tesão.”

Eu olhava aquele ser andrógino, todo de preto, ligas, meias, luvas, corset e máscara, enfiando a língua na minha boca, e me dava muito tesão.

Nos beijamos mais e ficamos ali nos amassos. Uma delícia. Agora já sabia quem ele era.

“A gente tem que sair civil, Domme, eu e você.”

“Sair civil? Como assim, civil?”

“Sair eu e você, ir numa festa, jantar fora, dar uma volta. Você usa suas roupas normais, eu também.”

"Ah, tá certo... sair civil. Vamos, vamos sair civil quando der."

Naquele momento ele já estava sem a máscara, sem as roupas, se preparando para ir embora. Fiquei observando o quanto era vaidoso e arrumava sem parar o cabelo em frente ao espelho.

"Tem um pente pra me emprestar?"

"Não, não tenho. Mas tá lindo teu cabelo assim, desalinhado."

"Sério, Domme! Quero um pente."

E se olhava no espelho, ajeitando o cabelo preto para trás com uma das mãos, os olhos semicerrados analisando o visual.

"Tá bom assim, deixa de frescura."

"Domme, e os sapatos, gostou dos sapatos?"

"Amei."

"Eu gosto de dar presentes, e você merece, Domme. Vamos marcar uma festa pra logo. Uma coisa top, alto nível, com maquiador, bebida, um hotel legal pra gente se montar e tirar umas fotos."

"Você se monta?"

"Tenho umas amigas com quem eu saio às vezes, já saí montada com elas. Make profissional, cabelo, vestido, tudo. Sabe como é, né?" E deu aquela piscadinha só dele.

"Vou arrumar uma coisa assim pra gente, Domme, pra você! Você vai ser A Domme, vamos fazer a coisa vip. E vamos sair no civil."

"Vamos, sim, vamos fazer."

Ele juntou a mochila e se foi pela porta. Levar a vida superagitada, superpaulistana, supertop e supervip.

Silêncio. O CD havia acabado. Me senti num vácuo espacial, com ecos ao longe, atrás do meu crânio, que chegavam a mim de um ponto muito, muito distante. Só sobraram os copos e os baldes de gelo em cima da mesa, os látex pelo chão, as caixas de sapato espalhadas, papéis de seda amassados pelos cantos. Um furacão ruidoso, intenso e devastador havia passado por aqui. E ido embora.

Tirei o vestido e, sem banho, me estiquei na cama. Olhei o laptop do lado. Hora de Bobby Vinton, "Blue Velvet". No sono da razão vi Isabella Rosselini, uma grande estrela de sucesso.

A respiração ficou ofegante, meu pulmão parecia afundar no peito, a qualquer momento grudaria nas costas e não encheria. Eu tou parando de respirar. Forcei para encher o pulmão, tremendo a musculatura peitoral involuntariamente. Segurei um pouco, talvez fosse só um mal-estar.

Náusea. Estava aumentando. Taquicardia forte, um suor gelado nas palmas das mãos, na nuca e na testa. Sentei na cama e olhei de um lado para o outro, ofegante. Ai, socorro. Foco. Foco. Foco. Tentei controlar a respiração e meus ouvidos começaram a latejar, um baque surdo de dentro para fora, aumentando. Nunca havia sentido aquilo, mas certamente minha pressão estava subindo, e rápido. Sentei no sofá e um sinal de alerta mortal soou: olhos arregalados, alertíssima, precisava agir naquele exato momento. Ai, meu braço. Meu coração parecia prestes a explodir. Olhava ao redor e minha visão desfocava, uma sensação terrível. Estou morrendo, preciso de um hospital agora, AGORA!

Ai, meu Deus, eu vou morrer. Eu vou morrer. Minha mãe, meu pai, eu quero falar com eles... Tá na hora, estou morrendo. Não sentia mais a carne das mãos e dos pés, só formigamento e gelo, puro desespero e meu peito afundado, me puxando para dentro de mim.

Passei a mão no interfone:

"Por favor, eu tou morrendo, tou passando mal, chama um táxi pra mim, agora, agooooora!!!! Eu tou morrendo, agora!!!", gritei pedindo socorro, literalmente.

Logo estava na emergência, o caminho até o hospital foi apavorante. Não controlava nada no meu corpo. Desmaiei, que eu lembre, duas vezes, náuseas muito fortes e o coração muito, muito acelerado. Uma sensação desesperadora.

É com certeza meu último momento e meu corpo está tentando sobreviver. Morte. Morte. Morte:

"Vai, motorista, eu tou morrendo, não consigo respirar." A voz mal saía, a garganta fechada e a cabeça latejando, ora em chamas, ora em gelo. AVC. Foco. Foco. Foco. Olhei as luzes borradas dos postes que passavam em alta velocidade e pedi ajuda àquela fila luminosa e desconexa.

Cheguei num estado tão lastimável que da recepção me levaram direto ao ambulatório. Minutos intermináveis, o instinto era tão forte que lutava internamente para não sair correndo em busca de ajuda imediata. As palmas molhadas agarradas na cadeira. Condições de temperatura, pressão e drogadição checadas.

"Fica calma! Senão vai piorar!"

Calma?

"Não estou nervosa. Tou muito mal."

Aquilo me parecia uma loucura, tinha que sair correndo. Foco. Foco. Foco. Cadê os enfermeiros ao meu redor bombeando o respirador e me carregando na maca pra me salvar? Cadê a massagem cardíaca?

Acordei numa cama de ambulatório.

O que eu tenho?

A sensação de morte iminente não passava. Tentava ao máximo focar em alguma coisa. Os dedos. O teto. A dobra do lençol.

Uma pontadinha no lado direito, a mão direita formigando. Ataque cardíaco pode ser sentido pelo lado direito, mulheres têm náuseas quando têm parada. Ou é um AVC? Ah... de novo. É agora, eu sei que é agora! E novamente aquela onda terrível. Chamei desesperada por qualquer um que me ajudasse.

"Moço, moço, eu tou passando mal, eu tou passando mal... meu coração!!!"

Ele chegou ao meu lado, impassível, tocou no meu pulso.

"Sim, está um pouco acelerado. Wilson, já liberaram a medicação da paciente?"

Desespero. O outro chega com um copinho.

"Olha moça, toma isso aqui."

Meu desespero aumentava, não via ninguém perceber a minha morte.

"O que é isso?"

"A médica já vem explicar. Seus sinais estão bons. Fique calma, respire."

Ele segurou meu pulso mecanicamente. Falou comigo: "Relaxa", mecanicamente:

"Daqui a pouco o comprimido faz efeito. Você não tem nada não, moça. Daqui a pouco a médica vem aqui." E saiu.

"Wilson, já pegou o fone que te pedi, cara?"

Por alguns segundos alucinantes tentei controlar o corpo trêmulo e a náusea da morte. Eu, que falava tanto em morte, que queria descansar. Eu que tantas vezes dizia que queria virar uma pedra, para ali ficar e ultrapassar a longa duração. Inorgânica. Não, eu não queria morrer! Não agora! Mas, se eu estou bem, o que está morrendo? Porque eu estou, eu sinto nitidamente. Eu vou morrer. Não! Não! Eu quero voltar, eu quero ficar! Foco. Foco. Foco.

Foram algumas horas que, ao rememorar a sensação, fizeram par com outro baque de finitude que mudou a percepção do que está fora de mim, do mundo ao meu redor.

Quando os 4mg de Alprazolam fizeram efeito, assinei os papéis, paguei a emergência caríssima e, num caminho dopado de volta para casa, morri mais um pouco em cima da cama. Dormi por horas e acordei embotada.

"Alô? Paulo? É Dommenique. Lembra de mim?"

Capítulo dez

Nasci numa família tradicional. Pai, mãe, irmãos, avó. Tive o que um pai e mãe esforçados e com história de vida trabalhadora e honesta podiam proporcionar. Sim, passamos por várias dificuldades, mas quem não passa?

A família herdeira da burguesia, adaptada, reinventada e metamorfoseada, mas com uma coluna de aço no centro. Algo que não havia mudado desde o século da sua invenção: a possibilidade de se rebelar contra uma autoridade. Um superego cuidando e vigiando você, moldando e protegendo o filho essencial para a transmissão dos valores de uma cultura dominante e para esse filho reproduzi-la.

Ainda sinto as palpitações e a falta de ar, a morte me rondando. Lembrei agora do cinza amanhecido entre aqueles galhos velhos e com poucas folhas, os malditos passarinhos da manhã e o passeio entre as lápides cheias de sereno para passar o tempo, até que a hora do enterro dela chegasse. Velamos o corpo dela a madrugada toda, o cheiro de crisântemos e as cuias de chimarrão. Conversávamos amenidades, um frio bem frio na madrugada, e eu sentia a alienação que se instalou, necessária e protetora. De tempos em tempos ia olhar o corpo morto para verificar se ainda não tinha sinais de putrefação. Ficava ali, inerte, olhando a sua testa, seu nariz e sua boca, suas bochechas durinhas, e simplesmente não a via. Não a via. O rito, depois o luto. No luto eu enxerguei que ela havia perdido algo. Teria feito o que quis fazer? Feliz, talvez não. Felicidade tem um novo style, as campanhas publicitárias nos mostram universal, disponível, ao alcance de todos e real. "The real thing".

Publicidade, comerciais, sucesso. Já tive muito dinheiro no banco, mas ter que abrir o internet banking e ver o saldo para se sentir bem é o fim da várzea. Para mim.

Ou você assume sua vida, ou vive sonhando em frente a uma TV ou, hoje em dia, um computador.

Eu cresci assim. Sentava no tapete da sala, ligava a TV e ali ficava, me comunicando mentalmente com "o que se comunicava comigo". Na hora dos comerciais fazia caretas para eles, eram chatos. Assistir ao Chacrinha era bom. Admirava aquelas mulheres bonitas exibindo as pernas, sentia que eram diferentes. Independente dos rumos de cada uma, muitos deles o fundão do fundão do poço, admirava, invejava, queria estar ali.

A relação que a TV estabeleceu comigo foi profunda, e de alguma forma moldou meu senso estético e meu ideal; e veja bem o que eu disse: a TV estabelece uma relação, não somente o contrário; o que é produzido é sob demanda e vontade do expectador. Até uma certa idade, uma criança fala em terceira pessoa: o bebê quer isso, o bebê quer aquilo. Depois, se apropria de uma linguagem de terceiros e molda sua identidade a partir disso. A razão consciente é uma mescla de outros e eu, e no meu caso, entre esses outros, estava a televisão e seus programas de entretenimento, suas atrizes, modelos, sorrisos, felicidade, beleza e mutismo: minha TV tinha volume, claro. E nunca falou comigo, mas de alguma forma eu me comunicava com ela. Mas, enfim, eu aqui falando de identidade para um psicanalista. Bom, no fundo não sei mesmo para que isso vai servir, mas vamos tentar. Tou com medo, foi péssimo, tem algo errado, e vou seguir a recomendação daquela médica idiota. Bom, não era idiota, mas a cara dela era, haha.

Hora do almoço, tenho que ir. Nada muito concreto por enquanto. Tentei falar de mim, mas não saiu nada muito específico, só o que eu penso sobre o que eu penso. Não tenho muito o que dizer, tive uma vida bem normal. Diferente, só sexualmente falando.

Bjs.

Dommenique

Cliquei no send. Paulo havia pedido para eu escrever algo sobre mim e enviar, antes mesmo de voltar a São Paulo e começar a terapia. Algo sobre mim? Só consegui narrar um pouco sobre a família, viajar e chorar a luta instintiva de um ente querido e do meu ego contra a morte. Ambos perderam, nada pode ser totalmente controlado e ordenado, não existe eficiência absoluta quando se trata da própria vida. Pensei na finitude e no absurdo. No futuro inexistente. E decidi voltar pra mim, viver o luto do meu projeto inicial e decepar o que me fazia mal.

Dinheiro? Esse viria ou não, não dava para saber. Certo mesmo era o presente e meu cotidiano, minha decisão sobre meus relacionamentos e sobre como eu conduziria meu trabalho daqui em diante. Nada mais de bafos de merda, de submissos prontos dentro de uma caixa e com manual de instruções, nada mais de execução sem tesão. Quero voltar para o meu tablado e dançar livremente.

Existem vários tipos de masoquistas. Nerds punheteiros; mártires contemporâneos; os melhores guerreiros da tribo que oferecem partes de seu corpo pelo bem da comunidade; masoquistas psicológicos; e os pentelhos. Ai, coitadas das mães dessas crianças. Muita vara de marmelo atrás da porta para disciplinar esses diabos. E sim, sou politicamente incorreta. As crianças são cruéis, e muito, quando querem. Manipulam, cerram os dentes e se tornam adolescentes problemáticos e adultos imaturos. Culpa de quem? Não me perguntem. Talvez algum problema primordial, quando passamos da química inorgânica para a orgânica.

Entro nessas divagações seguidamente ao lembrar de algumas pessoas que passaram pela minha vida e pela minha coleira. Já havia decidido viver apenas alguns relacionamentos, aqueles que me faziam bem e que já tinham crescido em complexidade e intimidade. Eu tinha um valor e eles me pagavam, deliberadamente. Outras vezes, não pagavam, apenas os chamava se havia liberdade consensual para isso. Outros viraram amigos e cúmplices, e com eles mantinha uma vida secreta entre quatro paredes.

Os solteiros eram os preferidos, obviamente, pois os objetivos eram a crescente dominação psicológica e o tempo para ficar à minha disposição, além das marcas no caso de ser necessária alguma disciplina corporal. Os casados pagavam seus tributos à Rainha sob a justificativa de não terem tempo para se dedicar totalmente e nenhuma vontade de mudar seu estilo de vida em função de mim. Cada um com sua liberdade de escolha. Alguns menos invadidos, outros mais, outros nada. Tudo consensual. Ou seja, a cada um eu me dedicava de forma diferente, com prazer em recebê-los, discipliná-los, dar-lhes a oportunidade de viver no microcosmo alternativo de uma mulher que tinha uma rotina muito diferente das outras e, por isso mesmo, mais complexa, operacional e emocionalmente.

No fim das contas, eu estava finalmente fazendo apenas o que gostava: desenvolvendo relacionamentos. Pagavam com satisfação, pois acreditavam — e acreditam — que esse é o meu papel nesse mundo. Nas sessões, sentiam em mim verdadeiro prazer e dedicação ao relacionamento, sentiam que era a minha verdade e se submetiam, para dela também compartilhar e servirem a uma Domme real. Faziam isso por si mesmos, e estavam certos.

Por vontade própria, eu estava definitivamente fora do jogo apenas por dinheiro, e distante dos homens emocionalmente instáveis. Comentei com Paulo certa vez, no carro:

"Alguns praticantes de BDSM querem sentir de verdade — ou novamente — que alguém os odeia. Não conseguem separar mentalmente uma cena pontual, um momento de catarse, da vida real. Caras assim precisam de tratamento, penso eu com meus botões. Esses tipos padecem de uma necessidade extrema de sentir o ódio dos outros por eles para obter satisfação."

"Não sei, Domme. O que você me mostra é muito pouco para eu dar uma opinião agora."

"Escuta isso."

Peguei o celular e fiz questão de ler e interpretar a troca de mensagens inteira, à minha maneira, claro... Dando uns volteios com as mãos:

22:15. Olá, Senhora. Tudo bem?

22:16. Tudo ótimo.

22:16. Que bom. Já fui seu escravo, Juan.

22:19. Não lembro de você.

22:20. Sou de Porto Alegre. Deve ser por isso!

22:21. E por ser de Porto Alegre eu não lembraria? Impossível. Moro em Porto Alegre.

22:23. Sim. Imaginei, porque faz tempo que fui seu escravo aqui!

22:23. Ah, sei... Lembro de todos! E lembro de você, sim, Juan. Você é um fake.

22:25. Fake? Não... Fizemos uma sessão.

22:25. Eu lembraria.

22:27. Faz um tempo.

22:29. Está falando generalidades. Fale de algo concreto, alguma peculiaridade da sessão.

22:34. Eu tinha lhe pedido uma surra de caning, mas a Senhora disse que não estava com ela, que tinha deixado em São Paulo. Sou alto, 34 anos, moreno. Me deu uma surra de palmatória e chicote de tiras. Estava usando uma roupa de vinil preta.

22:34. Eu não uso roupa de vinil há anos. E qual motel foi?

22:36. Não me lembro agora, mas era perto da PUC. Ok, tudo bem, quando me vir vai lembrar.

22:38. E quando vou ver?

22:38. Ah, legal, podemos marcar algo?

22:39. Depende... Não faço mais sessão profissional... Tenho apenas relacionamentos estáveis. Se eu fizer, cobro caro.

22:39. Hummm, e não faz mais só por prazer?

22:41. Sempre faço com prazer... Senão seria Dominadora e mudaria uma vida toda por quê? Viver só pela grana não é a minha praia, quem me conhece, sabe. Muito sem lógica sua afirmação.

22:41. Ótimo. Gostaria de ser seu escravo também.

22:43. Queria tentar lembrar de você. Demorou muito para entrar em contato de novo... Sinal que não daria para ser fixo... Some.

22:43. Bem, queria muito ser seu escravo novamente, Senhora!

22:43. Insiste tanto, deve estar fazendo por merecer, embora isso não me importe. Sou executora. Vamos para uma boa sessão de cane, então. Pesada. Mas apenas profissional. No mercy. Tem namorada?

22:44. Não.

22:44. Melhor, pode ficar marcado.

22:44. A Senhora tem caning?

22:45. Claro. E caning é a prática. O instrumento chama-se cane.

22:46. Ah, legal. Estou louco por uma surra de caning. É difícil achar dominadoras que tenham caning!

22:47. Eu tenho. E uma boa gag pra você não reclamar.

22:47. Ótimo. Assim pode tirar o meu couro! É de madeira a sua caning? Ou sintética? Curiosidade!

22:48. Madeira. Cane inglesa, ganhei. Diretamente de Londres. É um ótimo instrumento.

22:49. Ótimo. Que bom. Nunca experimentei uma original inglesa. Já experimentei sintéticas e de bambu. Mas a sua deve ser especial. Nossa, original!

22:49. Nada de especial. Serve para machucar. Espero que não seja mais um gringomaníaco, para quem tudo que é de fora é melhor. Até o final do século XIX eram os franceses que mandavam... Hoje é Londres que povoa a mente cult dos moderninhos. Enfim, a cane serve para machucar. Vara de marmelo, bem brasileira, também.

22:50. Sim, quero ser muito castigado.

22:52. Imagino... Eu só vou executar o que você já merece. E bem executado.

22:52. Que ótimo, Senhora. Estou merecendo um castigo severo.

22:52. Mas, como disse, não faço mais sessão, vou cobrar o que eu quiser. Pouco me importa seu julgamento. Ah, só posso na quinta à tarde. No mínimo 700 reais.

22:55. Ixi, Senhora. Muito caro.

22:55. É, eu faço o meu preço. Liberdade.

22:56. Bom, então vou deixar para uma próxima vez. Pena mesmo.

Pouco mais de uma hora depois, lá vem ele de novo:

00:13. Oi! Vamos fazer a sessão de caning?

00:16. Executo. Com meu preço. E, pela sua insistência, deve estar merecendo mesmo.

00:16. Quanto?

00:16. Já falei.

00:18. Pago R$300.

00:19. Procura outra.

00:23. Nossa, a Senhora está cobrando mais que dominadoras internacionais. Dominadoras famosas da Europa e dos Estados Unidos cobram 150 euros, 200 dólares. A Senhora está louca! Em São Paulo por R$300 saio com qualquer Dominadora top! E no Rio também. Boa sorte!

00:26. Não conheço você e nem estou a fim de conhecer. Só vou executar um serviço que você merece e implorou para que eu faça. Vai ter chilique? Teimar com a mamãe para deixá-la brava?

00:26. Sou qualquer um que é inteligente e conhece o mercado. Diferente da Senhora, que pelo jeito está muito mal informada, *inclussive* do preço lá de fora! Caia na real!

00:28. Está me fazendo perder tempo. Eu faço bem o que eu faço, justamente por não me importar com você. E porque você merece. Está implorando... Não vê? Hahaha!

00:32. Kkkkkk! Melhor que Madame Carolina??? Kkkkkk, me desculpe, mas não, né? Falta muito para a Senhora chegar lá. Falta. Fiz sessão com a Senhora, e nem caning a Senhora tinha! Essas que citei têm *inclussive* estúdios montados! Fazem filmes, têm sites, vídeos.

00:35. Nunca fiz sessão com você.

00:37. Uma sessão em São Paulo, em estúdio montado, custa R$300. No Clube Dominatrix. Bom, boa sorte aí!

00:39. Claro, vai lá. É bem o seu padrão.... Clube Dominatrix é bem nível "internacional". Está bravinho, né? Maior pentelho você. E continua implorando, né? Hahaha!

00:41. Entra nos sites e pesquisa primeiro! Não sabe nem cobrar! Te atualiza. Por esse preço vou fazer sessão na Alemanha com a Madame Carolina! Tchau.

00:43. Já vai tarde.

01:23. Sim, lá pelo menos tem estúdio, várias canings, todo tipo de acessório, e ainda é mais barato. Kkkkkk. Você tem estúdio próprio por esse preço??? Montado, faz filmes, tem uma gama de acessórios variados? Não, né? Mas sempre tem os que realmente são idiotas e que pagam! Eu não! Boa sorte.

01:27. Pra você ver... E digo novamente, imbecil analfabeto: eu faço o meu preço. Estou cagando para o que é cobrado no exterior. Não tenho que me adaptar a um mercado, eu faço o meu próprio mercado. Subversivo e com as minhas regras. Mas quem escreve "inclussive" não vai entender o que estou falando.

Depois desse esculacho, a criatura largou do meu pé. Mas pentelho é pentelho, e no dia seguinte ele queria mais:

16:33. Olá.

16:40. Ainda aí? Muito loser.

16:41. Tchau, linda. Se quiser é R$300 com caning!

16:46. Não, não quero. Quer dizer... Tá bom! Eu faço!

Aí o sujeito não respondeu nada. Insisti:

16:59. Então? Faço promoção, por R$200!!!

Mas eu sabia bem o que ele queria. E então caprichei:

17:20. Você é um coitado. Não preciso de dinheiro, estava mesmo é a fim de tirar um sarro da sua cara, loser... Hahaha! Fica aí, punheteiro, tudo de ruim pra você. Tenha um bom transplante de cérebro, cadela.

Não deu outra:

18:15. Oi, Senhora, se for por R$200 uma boa surra de caning, está fechado. Vai poder se vingar de mim tirando o meu couro! Fechado?

Quando terminei de ler as mensagens, Paulo disse:

"Mas eu também pagaria uns duzentos pilas."

"Uma surra eu te dou de graça."

Dei uma risada. Adorava aquela ironia.

Paulo me pegou na rua, a caminho do consultório. Eu fazia o caminho a pé, mas dessa vez ele vinha do Ibirapuera, tinha resolvido perder a barriga.

"Pra isso você tem é que parar de beber."

"Ah, quer acabar comigo né?"

"Essa coisa de ficarmos conversando fora de horário sobre as sessões e o que me levou a te procurar profissionalmente está meio fora do protocolo, não?", perguntei, sonolenta.

"Ah, para... a gente já se conhece há um bom tempo. Já sei até sobre a anatomia da tua musculatura vaginal e nunca aconteceu nada. É só uma carona. E na verdade desde que eu limpei a tua boca vomitada naquele dia não existe muito protocolo entre a gente, né? Tá lembrada né, esperta?"

"Hahaha! Que fase. Bota uma música aí."

O CD fora interrompido em alguma outra ocasião, então Hendrix começa lá pela metade do som:

You make me wanna get up and scream
Foxy
Ah, baby listen now
I've made up my mind,
I'm tired of wasting all my precious time
You've got to be all mine...

Oba, legal ouvir essa música com um homem do lado. Tinha um bom gosto musical e pênis, ótima combinação. E um bônus incrível: era inatingível atrás da escrivaninha do consultório: o confessor, o padre legitimado pela medicina da nossa época. Escrivaninha surreal, diga-se de passagem, que andava por todos os lados com ele. Via Paulo na rua, via a escrivaninha. Nos bares que a gente frequentava, ocasionalmente, a escrivaninha estava lá, me cumprimentando: "Oi, Domme, estou aqui... E sou de mogno, ahn? Pode mijar em cima; nada de compensado barato que se desmancha." Santa escrivaninha... Me afastava dele. Eu queria isso. Nada de pensamentos de dominação e estratégias obsessivas de sedução.

Desde o pânico e da minha mudança, descobri que havia transformado a dominação num campo de desenvolvimento metodológico e que *tinha* que dar certo. Fiquei obsessiva. Toda palavra era um conceito que se encaixava numa linha de produção dominante/dominado, racionalizado demais. Acabei perdendo a naturalidade de fêmea, caí numa engrenagem, acreditando mais na palavra que no ato. Me vi como uma trabalhadora moída pelos tempos modernos. Traí meu plano de vida e, depois de duas experiências cruciais me dando o sinal de alerta, resolvi mudar.

Paulo tinha louros acadêmicos para eu oferecer de bandeja minha vontade de ser tratada como mulher, filha e mãe rebelde e pervertida, e relaxar em meu sanatório particular. Ótimo! Que alívio não ter o controle por alguns minutos.

Chegamos ao consultório.

Sentei no meu sofá. Ali eu deliberadamente me desorientava, observava os joelhos e a estante de livros absurda e sem sentido. Paulo era legal porque entrava na minha viagem a fundo, e eu sentia nele muito interesse por minhas histórias, verdadeiras ou não. Ele vivia comigo uma realidade crua e concreta. Pelo menos era nisso em que eu acreditava, e já bastava. Já estava naquele sofá há seis meses, e meu desejo de poder e liberdade certamente atraíam a atenção dele. Minha maneira de dar significado às minhas paixões e ser obstinadamente sincera o ajudava a expor e traduzir o tédio, a ansiedade, a alienação que insistem em se mesclar com a existência.

"Já tomou café hoje, Domme?"

"Não, me dá um."

Ele saiu para buscar e o ouvi falar no celular: "Oi. Sim, as tuas coisas ficaram lá em casa... À noite eu passo lá e te entrego." Um risinho. "Sim, estava mesmo. Bebe menos da próxima vez, meu."

Ok, simplesmente porque qualquer um pode ser gay. Não existe um estereótipo, isso é coisa de interior. Lá na minha cidade, gay é o cara que cai no "fervo" e "arrasa bee", mas todo mundo sabe que o riscado não é esse. Uns são caricatos, outros não. Uns são enrustidos, outros são casados, outros são mulheres, outros são... sei lá o quê. Esperando por ele não me senti desprezada na minha heterossexualidade, pelo contrário. Me ajeitei no sofá e agradeci aos céus e aos materiais de construção modernos pela parede ser de gesso acartonado e eu ter ouvido a conversa. Tesão.

Numa de minhas saídas pela noite de São Paulo, sozinha, já tinha visto Paulo num papo bem íntimo com um cara, em um bar típico de paqueras entre machos. Parei, e ele me cumprimentou tranquilamente, apresentou o homem, que me pareceu muito simpático, um sorriso lindo e aberto. Paulo não era truculento, e não sei... naquele momento automaticamente imaginei os dois juntos. Paulo passivo, o cara fazendo o serviço bem feito. Imaginei os gemidos dele e continuei a pé pela calçada, deixando os dois na conversa e seguindo para a noite que me esperava. Teria uma ótima noite, com certeza... recebi as boas vindas de um pensamento muito erótico e estimulante.

E justamente essas noites eram os temas preferidos de nossas conversas no consultório. Ele começava a conversa aleatoriamente, mas em pouco tempo já queria detalhes dos meus encontros. Queria saber por que eu saía sozinha, o porquê do tédio que antecipava dias de extrema atividade sexual; às vezes mostrava-se preocupado comigo — "Domme, você não tem medo, meu? Sai com qualquer um!". Ouvia-o falar, absorto e muitas vezes contraditório, enredado nas diversas teorias que havia estudado. Para mim era um ótimo momento. Um alívio. Soltava as amarras e filosofava bobagens que no momento pareciam tão inteligentes e minutos depois apresentavam seus prazos de validade.

"Mas e aquele outro cara, o advogado, não pensou em continuar um relacionamento com ele? Talvez seja legal você ter um relacionamento baunilha."

"Olha, Paulo, claro que tentei. Ele ligou um dia falando sobre pés, se eu faria uma sessão apenas de podolatria. Como você sabe, não é do que eu mais gosto, mas o papo engatou, e a voz dele era bonita. E ele estava a fim de sair comigo... Senão não teria perdido tempo com tanto discurso. Depois de alguma insistência, perguntei: 'Seu pau é grande?'"

Eu não estava olhando para o Paulo. Mas ele mudou milimetricamente o corpo de posição. De novo, atos são muito mais que palavras.

"E ele respondeu sem vacilar: 'É, é grande.' Muito enfático, muito seguro. Eu não tinha nada para fazer naquela noite, estava a fim de me arrumar, sair, quem sabe né? Saí com o cara, bebemos e levei-o para o meu apartamento. Fizemos um sexo muito bruto, muito bom. Ele veio bonito para mim, com o saco amarrado para salientar mais ainda o pinto e mostrar o quanto era orgulhoso dele. Quando vi aquilo, achei o máximo... Era um agrado de um cara vaidoso, bonito, quarenta anos e gostoso."

"Mas ficou só nisso?"

"Claro que não", disse eu. "Trepamos muito. Tinha um pau lindo e virado pra cima, como eu gosto. Grossura ideal. E eu queria tirar o melhor daquele homem. Já te falei, Dominadora pra mim é isso, embora, alguns do 'meio' condenem minha atitude: sou mulher e quero ter meu prazer, não terceirizá-lo. Novos tempos, novos comportamentos. Ninguém vai adivinhar como eu gosto de gozar, como me levar ao orgasmo; eu que conheço meu corpo. Dominadora é a mulher que usa o seu homem para si em qualquer instância de prazer, não só o sexual, se masturba e adquire domínio do orgasmo, tem consciência corporal. Tira, nem que seja à força, a máscara conceitual, o blablablá, o roteiro pornográfico, e faz emergir o animal que o homem é. É um alívio para ele; e então ele te dá prazer. Estar de quatro é ser submissa? Por cima é Dominadora? Batendo? Humilhando? Chupando de joelhos? Meras estratégias para a mulher obter o que quer do seu homem. Somos animais, e essa linguagem é anterior à sexualidade, a conceitos e comportamentos predeterminados."

"Ficou satisfeita?"

"Nossa, muito. Aí começamos a falar das nossas vidas, do quanto ele admirava meu trabalho, minha coragem, do quanto gostava da minha safadeza. Eram momentos bem legais; passou-se uma semana, e nos víamos todos os dias, muito sexo e diversão, coisa leve, nos dávamos bem. Saíamos para jantar e, quando vi, comecei a viver a rotina dele."

"Como percebeu isso?"

"Um dia tocou o telefone. Era um escravo. Um relacionamento longo, maduro e que pagava bem, ele tinha prazer nisso e eu adorava as sessões de bondage com ele. Um dos que sobreviveu ao tsunami, bom, já falei dele pra você, e por sinal hoje tem festinha lá em casa com ele, delícia. Enfim, era um negócio meio alternativo e muito pessoal, modificado, mas ainda era um trabalho. Durante os melhores dias eu simplesmente vivi aquilo e fiquei sem um puto, mas não estava nem aí. Estava me sentindo muito bem. Mas o encontro me daria muito prazer e eu queria investir nuns acessórios novos, e optei por fazer a sessão. Foi o que bastou para ele fazer bico, fechar a cara e dizer que meu trabalho era mais importante que ele e a pizza cult do melhor restaurante de São Paulo. Broxei total. O cara desde o início elogiava meu trabalho, sabia das minhas sessões, eu contava tudo, e ele parecia se divertir. Parecia. Não suportou muito tempo não. A realidade aparece."

"Domme, acho que pra você só um corno. Você é muito direta. Tem que ser um cara que aceite isso, o jeito que você é, meio safadona, sem noia. Você já sabe do que gosta e deixa claro. Mas naquelas, né... achar um cara que seja corno mesmo é difícil. Conheço um sujeito que gosta de ver a mulher com outro cara, mas para exibir a propriedade dele no swing."

Ajeitou-se na cadeira novamente, estalando os dedos e parecendo desinteressado. O palavreado entre nós era bem esse, por minha escolha. Lembro da primeira sessão de terapia, quando eu pedi: “Seja natural, nada de formalidades... Me ajude sendo assim, senão não consigo. Lembra sempre do vômito.” E ele respondeu: “Topo.” Senti a cumplicidade e o interesse em mim, e o desinteresse pela profissão. Sabia que tinha sido laureado na formatura e ido direto para o doutorado, mas quando eu perguntava do intercurso ele só dizia: “Tudo uns bosta”, e não se interessava em continuar o assunto, nem eu. Às vezes falava que a ciência era uma merda, que tinha mesmo era que ficar todo mundo nu. Não tinha muitos pacientes, era meia dúzia de gatos pingados, e eu pensava, “Um cara superinteligente, poderia estar de boa na vida”. E já eram seis meses de puta pra lá, safada pra cá, descrições minuciosas de espancamentos, inversão, sexo, gozos, absurdos e homens usando calcinha.

“Mas tu falou em corno? Pfff... A primeira fantasia que ele comentou comigo foi de me ver com outro cara. Um negro bem dotado. A gente trepava loucamente depois que ele me mostrava vídeos e mais vídeos de brutamontes comendo loirinhas bem brancas, leitosas, tipo eu. Eu tenho lá as minhas quedas, tu sabe, e ele parecia muito interessado. Quanto mais eu chamava ele de corno, sentada com a bunda na cara dele, mais via o pau dele endurecer. Quando ele tomava fôlego, me chamava de cadela e dizia que era meu corninho, que eu era uma puta safada. Até aí, concordo, hahaha! Então botei a fantasia em prática. Enquanto o negão me comia na sala, socava muito a pica em mim — e eles adoram meter com tudo —, eu não ouvia um pio no quarto. E confesso que não estava nem aí, só gemia e olhava aquele pauzão preto na minha vagina rosada. Cena linda. O preto urrava igual um doido, um corpaço sarado e supernegro.

“Estava curtindo a foda e humilhando o corno. Imaginava ele no quarto batendo uma punheta forte pra mim e sentava na pica grossa do negão, que não amolecia nunca. O negro só me olhava e segurava meus quadris, muito forte, dizendo uma coisas do tipo: 'Senta, gostosa... oh... senta, vagabunda... O que uma loira dessa faz sozinha em São Paulo? Tu gosta do negão, não gosta, branquela?'

"Eu levantei da pica e subi no sofá, com a vagina vermelha de tanta foda e esfreguei na cara dele, falando: 'Olha aqui como eu gosto, negro safado, olha bem aqui a minha bocetinha loira assada do teu pauzão.'

"Ele encheu a mão na minha bunda e enfiou a cara na minha vagina, e eu me segurava na cabeça dele, rebolando naquela língua enlouquecida daquela boca carnuda. Ele sugava tudo, lambia, esfregava e enfiava o nariz bem fundo. 'Boceta cheirosa que tu tem, que boceta cheirosa...'

"O cara estava no ponto, era o que ele queria pra ficar com a pica na dureza certa pra me fazer gozar. Sentei no pau dele com a boceta lambuzada de cuspe e o clitóris duríssimo, vendo aquele pauzão enorme do macho preto e imaginando o outro branco lá no quarto, com o pau estalando pra mim. Fiquei doida.

"'Fica parado que eu vou sentar na tua pica, não toca em mim tá, safado?'

"'Faz o que tu quiser, faz o que tu quiser...'

"Sentei de cócoras na cabeça do pau dele e comi com a vagina, subindo e descendo devagarinho só na cabeçona e fazendo sucção quando subia. Ai, que tesão que eu tava. E ele:

"'Tesuda do caralho, senta, putona...'

"'Fica quieto', eu falei, 'é aqui ó, aqui na entradinha... é aqui que é bom... ah...vou dar uma puta gozada na cabeça do teu pau, vou gozar no teu pau, vou gozar muito!!!'

"E realmente, gozei e tremi todo o corpo. A boceta latejava tanto que encharcou até não poder mais. Quando relaxei, ela alargou e desci lambuzada até a base da pica do macho, que estava louco a essa hora:

"'Gostosa, biscate!!! Dá uma reboladinha que eu já tou quase gozando, sua cadela!'

"Só mexi o quadril, cansada e tonta depois do gozo, senti o preto agarrar a minha bunda e me xingar de qualquer coisa. Só vi seus olhos cerrados, os dentes trincados e um urro que soltou cuspe pelos cantos da boca dele, jogando o quadril pra cima, me levantando e esporrando forte na camisinha.

"Não falou nada. Apenas uns segundos depois respirou e ouvi: 'Oh que merda... puta merda, que gozada...', e riu mostrando os dentes brancos e me dando um beijo melado.

"'Mas eu tenho que ir mesmo? Fala com o cara pra eu ficar aqui com vocês... e me dá seu telefone. Linda você, vou te apresentar uns amigos que vão te adorar.'

"Fui empurrando ele pra porta, todo gato, uma camisa explodindo nos bíceps e uma calça jeans bem baixa.

"'Não, vai lá. A gente se fala!'"

Contei a história toda para o Paulo totalmente absorta nas memórias, e, quando voltei a atenção para ele, vi que estava muito ligado. E muito excitado. Nem a bendita escrivaninha escondia o tesão. Com a branca ou com o preto, não sei; mas adorei aquilo.

Ele pigarreou e se ajeitou na cadeira, depois de segundos sem ação emendou uma risada linear e sem muita convicção. Viu que eu percebi.

"O cara deve ter ficado doido. Deve ter te comido muito depois. Trepou muito contigo, né? Aposto até que o objetivo dele era ficar com raiva pra te comer num estilo perdoa-me por me traíres, bem agressivo."

"Pffff... nada disso, totalmente enganado. O cara travou total. Quando mandei o comedor embora, espiei no quarto esperando mais sexo e um macho cheio de tesão e deparei com um corpo inerte em cima da cama, os braços cobrindo os olhos e a respiração ansiosa. Teve uma crise nervosa, estava estático, tenso, o corpo rígido. Ensaiei uma conversa, e ele caiu no choro. Foi, no mínimo, estranho. A coisa continuou rolando sem outros caras no relacionamento, mas logo degringolou. Vontade de me ter só pra ele, uma safada encoleirada. Mas eu sou um corpo-objeto-carne a serviço de mim mesma. Não rolaria nunca."

"Nunca diga nunca, mulher... Fala sério. Logo você?"

"É, tem razão. Esse comportamento não tem nada a ver comigo. Tudo pode acontecer."

Capítulo onze

O despertador do celular tocou. Abri os olhos totalmente sem vontade de acordar, apertei a tecla soneca e me iludi com os dez minutos extras. Que saco. A dor de cabeça estava um pouco incômoda. A noite tinha sido boa, mas resolvi apagar a memória recente e ficar só nas arcaicas, aquelas em que você pode se colocar num ponto de vista puramente subjetivo e interpretar como quiser.

Uma das coisas que mais me irrita é essa maldita invenção moderna de institucionalizar o orgânico. Estipular um horário para acordar é uma afronta à natureza humana, que evoluiu apenas sob o sol e a lua em milhares de anos.

Não fiquei ruminando esses pensamentos para não tornar o dia muito abstrato. Abri a cortina e vi que a cidade já estava pra lá de agitada. A claridade nas retinas desligou a melatonina e fiquei um pouco ao sol metabolizando uma vitamina D. Branca a vida inteira, me cuido, mas não sou daquelas que transformaram o sol no algoz da espécie humana. Pura retórica da estética contemporânea, o sol está para dermatologistas assim como os nazistas estão para os judeus. Que bobagem.

Alice já estava adiantada no serviço e não trocou uma palavra comigo, obedecendo e respeitando meu silêncio.

“Hoje não quero muita conversa. Faz teu serviço e vai, ok?”

“Claro, Senhora. Tou aqui pra isso.”

Deixou minhas roupas, sapatos e acessórios limpos, a louça brilhando, uma salada pronta na geladeira, agradeceu e partiu.

Prefiro a noite não por uma questão filosófico-melancólica, nem por conta de minha época gótica. A noite é boa porque todos os gatos são pardos. Sua pele fica mais bonita, você usa roupas mais bonitas à noite, vê pessoas malucas à noite, as boates funcionam à noite e existe todo um ritual noturno de “vai começar a festa”. A noite tem a sua semiótica.

Abri o laptop e dei uma passada de olhos sem nada ver. Às vezes a gente se pega em frente ao computador, parado, sem fazer nada. Esperando comunicação? Não sei, e o que veio a seguir nos pensamentos nem lembro. Vi o nome do Marcelo e decidi: sim, eu quero isso hoje.

Meu escravo estava para chegar por volta das sete da noite. Desde as minhas primeiras viagens para São Paulo ele fazia sessões comigo, e era sempre bom. Já tínhamos passado da fase de provocações do tipo: “Mamãe, eu sou chato e teimoso, bata em mim”, e ele sentia-se confiante para ficar preso, amordaçado e apanhar. Apanhar MUITO. Não precisava mais de toda aquela preparação, toda aquela cena que havia inicialmente, o desafio milimétrico de poder para a vingadora surgir e descer o chicote no lombo dele. Já tínhamos uma parceria pontual, esporádica, mas sempre intensa. Ele sempre respondia aos meus chamados, pois sabia que ocorriam quando eu necessitava dele.

Esse masoquista é um homem digno, justo, bom, altruísta, muito culto e correto. Ele já havia se aceitado como um mártir sagrado, e aceitado a mim como uma executora. Já havíamos conversado sobre tudo isso algumas vezes, e ele sempre deixou clara a predileção pelo flagelo, pelo sofrimento extremo por uma causa, um deus, uma ideologia. Mas num mundo onde Deus está morto, felizmente nos encontramos, e o pouco que posso oferecer a ele proporciono com prazer.

Marcelo é baixinho, mas tem ombros largos, musculatura densa. Uns cinquenta anos, e obviamente o tempo passou por aquelas células e fez uns estragos, mas ele é bastante másculo, com pés largos e panturrilhas fortes. Veias nos braços que saltam quando ele se agarra nas próprias algemas e urra de dor sob a mordaça.

Ele me deu a liberdade de telefonar quando eu estivesse com muita vontade de vê-lo sofrer por mim. Mas aquela maldita reunião, aquela voz indiferente... Não era o MEU Marcelo. Não dei muita importância ao incidente, mas, quando me lembrei dele de manhã, a recordação de desobediência retornou e reforçou minha legitimidade. Pensei que naquele momento Marcelo já estaria usando o cinto de castidade, como sempre faz desde a primeira hora da manhã do dia de nosso encontro.

Liguei para ele às cinco.

"Quero agora. Vou ficar esperando."

"Sim, minha Rainha. Estou ansioso para atendê-la. Já estou saindo."

Eu estava pronta, não havia necessidade de figurino especial. Vestir-me faz parte das preliminares para mim, mas eu havia pensado tanto naquele pênis no cinto de castidade, doendo e inchado, e no corpo que estaria nu à minha frente, que a preparação foi totalmente mental. Vestir-se para qualquer tipo de encontro erótico parece uma arte esquecida pela maioria das mulheres; o meu caso não é esse, muito pelo contrário, mas dessa vez não senti vontade.

Depois do banho, vesti a mesma camisola que havia usado durante a noite. Completamente à vontade e descalça.

A camisola tinha um laço vermelho mal amarrado entre os seios e combinava com a calcinha fio dental que usei durante o dia. Foi a primeira que encontrei depois da ducha. Havia mordido muito os lábios ao longo do dia, e minha boca rosada combinava perfeitamente com os tons do meu corpo. Estava fresca, sexy e ansiosa para que ele chegasse.

Abri o armário e peguei o flog pesado, com tiras de couro cru, que sempre produz um som lindo naquelas costas duras e largas, e deixei em cima da mesa. Preparei as algemas e a gag ball, deixando tudo bem simétrico. Alguém alheio à cena, observando meu cantarolar em voz baixa, os olhos desfocados, o carinho e o esmero com que eu arrumava as coisas, certamente pensaria que as mulheres são realmente loucas.

Optei por amarrar o cabelo em um rabo de cavalo. Livrei o rosto dos fios que me incomodavam e que provavelmente grudariam na pele depois do suor do esforço. Passei pelo espelho em direção ao banheiro e dei uma olhada. Como eu estava bonita, tão jovial!

Sentei na beirada da cama e esperei. Cinco para as seis, o horário combinado. Tínhamos calculado o trânsito, daria tempo com folga. A hora se aproximava, e abri mais as pernas, roçando a virilha na quina da cama. A musculatura da vagina começou a se retesar. Já imaginava Marcelo entrando de olhos baixos, perfumado e com o terno lindo que sempre usava. Lembrei-me do seu ritual ao chegar: ele entrava digno, seguia até a sala, eu ouvia o barulho dos sapatos, da abertura do cinto, do pino do relógio. E depois ele apareceria nu na minha frente, em pé e com os braços pra trás.

Não demorou muito.

Marcelo chegou pontualmente às seis, largou as chaves na mesa de vidro e se posicionou em pé na minha frente, as mãos cerradas e um pouco suado, com a cabeça baixa. Ajoelhou-se. Percebi o motivo: estava me pedindo perdão antecipadamente. Estava nu, mas com o pau enjaulado no cinto de castidade. As bolas certamente estavam incomodando, e o acessório marcava o pênis rijo que teimava em intumescer pelos orifícios do acrílico. Dava para ver a pele roxa. Ele sabia o que o esperava.

"Senti falta do meu animal. Tinha planos para você naquele dia, mas me decepcionei."

"Sinto muito, minha Rainha, mas, como você sabe, não havia nada que eu pudesse fazer."

"Eu sei. Mas aqui não estão em jogo as causas, só o que elas geram. Você será punido exemplarmente. Você acaba de me dar consentimento e admitir que merece, ficando de joelhos na minha frente. E você vai ser usado. Lembro de quando nos encontramos pela última vez, e eu quero você."

"Faz 16 dias, minha Rainha. Tenho me masturbado com suas calcinhas usadas, aquelas que jogou no lixo depois de enfiar na minha boca para eu aguentar o açoite."

"Sim, vi que juntou as calcinhas do lixo e as enfiou no bolso. Me fiz de desentendida. Catar minhas calcinhas usadas e velhas no lixo é típico de você, escravo. E eu, pelas minhas contas, já me masturbei uma dúzia de vezes desde aquele dia que não veio me servir, sem contar o homem que usei ontem à noite — e por pouco não bati na cara dele pensando em você. Por isso, venha me satisfazer com rapidez, pois estou pronta para gozar. Depois verei que rumo dar às coisas. Comece."

Abri mais as pernas na beira da cama. Meu clitóris já estava inchado. Ele veio de quatro e, fitando minha vagina, deu duas lambidas quentes, uma chupada no clitóris duro e gozei. Assim, muito rápido. Tremi de gozo, afastei a cabeça dele e mandei que se posicionasse.

Ele estava bem treinado. Foi até o sofá, colocou as algemas e ficou de frente para o móvel. Passei as cordas pelas algemas, por trás do sofá, e puxei por baixo, prendendo as pernas bem juntas. O flog estava em cima da mesa, e quando fui pegá-lo vi o cinto de couro junto com as calças dele.

Não pensei duas vezes, peguei o cinto e dei-lhe uma boa surra. Não há como descrever a cena, apenas imaginá-la. O homem ali, nu, forçosamente casto, apanhando e começando a gemer alto. Peguei a gag ball e disse:

"Fica quieto, senão é pior pra ti. Não quero saber de grito, você sabe por que está apanhando."

"Sim, Senhora."

Fechei a gag com força, e ele abaixou a cabeça, esperando os novos golpes. O som do cinto batendo naquela bunda era música para os meus ouvidos. O corpo dele retesado, em posição, os músculos das costas saltando. O cinto estalava, e aquele corpo endurecia, toda a força masculina se concentrava ali, naquele momento; ele gemia, jogava a cabeça para trás e ficava na ponta dos pés, explodindo as lindas panturrilhas e fazendo saltar as veias dos braços e mãos que se agarravam na guarda do sofá. Abaixava a cabeça e babava um pouco pela gag, soltando o pescoço e a respiração com força antes de cada golpe desferido de modo cadenciado e com um certo intervalo.

Senti que a bunda estava quente, pronta, mas sem hematomas. Uma surra de cinto bem dada é como um terrorismo antecipatório bem dosado.

"Agora vou te bater de verdade, pra te mostrar quem manda e te lembrar o que te fez entrar pela minha porta, querer me conhecer e estar comigo até hoje."

Ele balbuciou e consentiu com a cabeça.

Com o flog de tiras de couro duras e pesadas foram apenas vinte golpes rápidos, secos. O som era divino: as tiras de couro cru estalando, os grunhidos de dor longos e másculos, e os meus gemidos fortes a cada golpe que dava com força. Nada de gemidinhos doces de prazer e gozo juvenis. Grunhidos de uma executora, uma carrasca, sons que saíam de minha garganta instintivamente a cada golpe bruto. Sentia prazer na execução da sinfonia.

Naquela hora não percebi o que se passava, apenas vivi o momento e me tornei parte da cena, da história. Mas a memória, essa sim, é muito vívida. Minha psique guardou os momentos mais emocionantes, e são deles que lembro. Marcaram-me o som e os flashes do corpo em câmera lenta. Por vezes nem preciso do rosto dele para recordar a emoção. Não é nada visual. Trata-se de uma narrativa musical, uma sinfonia trágica envolvendo um ser submetido a um poder maior; um herói que tentou, mas não pôde lutar contra seu destino inexorável.

Não nos vemos já faz uns meses, Marcelo viajou para o exterior, mas nos veremos em breve; em novembro ele estará de volta, pelo que li nos longos e-mails que me envia.

Uma sessão ontem. Martelando em minha cabeça. Muito cheia de significados. Muito curta, muito intensa, muita coisa para pensar. Como eu poderia responder àquele homem?

"Minha Senhora... Por que isso comigo?"

Ele na minha frente, de joelhos, as mãos grossas e as unhas sujas de trabalho, os dentes separados e mal cuidados, o olhar suplicante, sofredor.

Por quê?

Havia entrado com calças azuis, de brim barato, camiseta suada e cheiro de trabalho. Abri a porta para o corredor escuro e no momento em que me viu, a luz forte entrando pela janela atrás de mim, ali mesmo caiu de joelhos e tocou com a boca suada os meus sapatos.

Já dentro, descalçou as botas de borracha pretas encardidas de cinza de uma obra qualquer das muitas que se erguiam pela cidade. Não tinha coragem de me olhar. No canto e olhando para o chão, tirou a roupa — "Não é digna da Senhora" e se ajoelhou, mostrando as costas lisas do suor que começava a brotar, os ombros marcados, as palmas das mãos morenas bem abertas, as juntas cinzentas dos dedos, as unhas encardidas e lindas no formato. Entre seus cabelos bem curtos e marcados vi o brilho do couro cabeludo.

"Pode olhar pra tua Rainha."

Ele levantou os olhos e admirou. Suava a cabeça, e os pingos escorriam pela testa. Olhei para ele e dei um sorriso.

"A Senhora", gaguejou, "é mais branca que eu imaginava. Seus cabelos são lindos. Eu estou ao seu dispor, pra fazer o que mandar".

Olhei para ele e vi quase sólidas a dignidade, a formalidade e a educação. Bastante educado, muito mais que muito homem de gravata. E vi também a verdade no que dizia. Ele se sentia humilhado por eu ser branca e ele moreno. Ele. Eu não. Não, não era um joguinho inocente para lidar com tabus e coisas proibidas de casa grande e senzala. Era real. Ele sofria. Eu também me perguntava: por quê? Sentei no sofá, cruzei as pernas e ali fiquei.

"Vem cá, fica perto de mim."

Ele veio de quatro e pingando suor no chão.

"Traz aquele pano junto contigo pra ir limpando os pingos."

"Sim, Senhora."

Ele ficou parado, eu também.

"Pode olhar pra mim."

Ele ficou ali, me admirando, os olhos cheios de pés de galinha e a pele dura do sol. A boca fina entreaberta, a expressão embasbacada. O que se passava pela cabeça dele era totalmente insondável, mas me colocava num patamar muito, muito acima dele. Ele queria isso. Automaticamente me exibi mais, estufei o peito, olhei para meu corpo e minhas unhas longas nas minhas mãos brancas.

Ele abaixou a cabeça, soltou todo o peso entre os ombros e deu um suspiro profundo, triste, de quem procura e nunca acha.

"Por que a Senhora é tão linda e eu sou tão feio?"

Fiquei sem resposta. A forma como ele se portava me colocava num local inatingível, mesmo que eu quisesse, não conseguiria me comunicar com ele. Ele se comportava de forma tão submissa e verdadeira que qualquer ato politicamente correto soaria muito falso. Ele havia me colocado lá. Eu também me perguntava. Por quê?

"Ai, Senhora, eu sofro muito, sabe. Eu sofro muito. Pergunto a Deus todos os dias por que eu nasci pra servir. Por que eu preciso disso. Por que estou aqui. Por que a Senhora é tão mais poderosa que eu."

Eu olhava pra ele, lá de longe, sem poder fazer nada.

"Eu ficaria muito feliz lambendo a sujeira do teu pé. Lavando o teu banheiro. A imagem da Rainha não sai da minha cabeça. Mas a Senhora não me ouve, ninguém me ouve. A Senhora é muito melhor que eu, por que deveria me ouvir? Por que eu preciso servir uma mulher assim, tão bonita e tão branca? Às vezes eu fico revoltado, pois me sinto humilhado, degradado. Não sou burro. Mas minha vontade não passa."

Levantei e peguei uma coleira. Deixei seguir, talvez fosse essa a resposta para ele: a Deusa encarnada.

Parei em frente dele e mandei que levantasse o tronco, ficasse só de joelhos. Ele deu um salto, as costas eretas e a cabeça erguida, respirando muito forte, rápido, vi que tremia as pontas dos dedos e tinha os pulsos molhados.

Quando aproximei a coleira do pescoço, enquanto fechava a fivela, vi que abriu a boca para tomar mais ar, pois estava lhe faltando. Me afastei um pouco, e ele caiu de joelhos e se agarrou aos meus pés.

"Senhora, muito obrigado... Me ajude, me ajude. Por que isso é tão bom? Não é certo..."

Eu continuava muda, inatingível.

"Por que eu sou um nada, um verme trabalhador miserável, e a Senhora tão maravilhosa, linda, branca? E por que eu quero beijar os pés de quem me pisa? Por quê?"

Não consegui sair do altar. Emudeci.

"Senhora, gostaria de te pedir uma dádiva, por favor, me conceda."

Balancei a cabeça e respondi afirmativamente. Eu concederia, ele havia me colocado no meu lugar tão firmemente que não negaria. Era uma Deusa, lá em cima, inatingível e que concede graças.

"Quero muito beber sua urina, Senhora. Eu imploro que me conceda."

Na mesma hora subi a saia, fiz com que sentasse nos calcanhares e abri sua boca cheia de obturações cinza. Ele tremia, suava.

"Abre a boca, escravo."

Ele abriu numa arcada enorme e fixou os olhos na minha vagina. Abri os lábios vaginais para direcionar o jato, e ele piscava os olhos, tenso, ansioso, extremamente nervoso.

Quando o fluxo veio, ele fechou a garganta, levantou os olhos para o meu rosto e os fechou em seguida, calmamente, aliviado; baixou os ombros tensos e esperou encher toda a boca. Fechou e engoliu.

Voltei para o sofá e fiquei olhando o homem de olhos ainda fechados, absorto. Quando os abriu, não olhou para mim, veio de quatro até meus pés e suspirou profundamente.

"Muito obrigado, Deusa."

Me levantei, fazendo menção para que se vestisse e fosse embora. Ele se vestiu, calçou as botas sujas, e de joelhos me entregou meu tributo. Estava pronta para recusar, pensando se era certo ou errado, pois certamente faria falta para ele. Fui cortada nos meus pensamentos quando ele disse:

"Aqui, meu tributo à Deusa tão poderosa e muito superior a mim. É minha obrigação, já que meu corpo não pode ficar aqui para sempre."

Aceitei. Fui um alívio temporário.

Eu não tinha as respostas. Apenas perguntas. E aquilo me intrigaria por muito tempo... Aliás, ainda tento encontrar a resposta para aliviar aquele homem. Era um operário. Talvez empregado do homem que eu chicoteei na noite anterior à da sessão com ele, usando sapatos Prada e, quem sabe, se perguntando da mesma maneira.

Acordei pensando nisso. Sem resposta. Talvez ninguém veja a resposta por ela estar tão próxima e ser tão simples.

Coloquei um vestido até os joelhos, um blazer, saltos e decidi seguir de ônibus até o consultório. Talvez eu encontrasse o operário. Ele perderia o seu sonho, sua idealização se me visse num ônibus? Provavelmente sim. Aquela visão do homem e da Deusa e a necessidade de distância que ele precisava me estancou. Peguei um táxi, como sempre. Eu queria aproveitar o trânsito sempre ruim e demorar bastante para chegar a meu destino. Tinha uma mania de olhar as nuvens paradas enquanto o veículo se movimentava. Não sei, ficavam ali, e eu focada nelas.

"Moonage Daydream" no fone de ouvido, repeat.

I'm an alligator, I'm a mama-papa coming for you
I'm the space invader, I'll be a rock 'n' rollin' bitch for you

Keep your mouth shut, you're squawking like a pink monkey bird
And I'm busting up my brains for the words

Quando os prédios se intrometiam entre mim e minhas nuvens, eu via o alligator de boca semiaberta, dublava a música, esgaçando a cara, fazendo caretas, olhando a mulher com a criança querendo atravessar a rua, o ciclista, os postes, milhões de escritórios de advogados com seus nomes triplos, clínicas de estética, bares com pelo menos um indivíduo sozinho e sua cerveja. Eu ouvia a música e tudo ao meu redor era o videoclipe. Puta vontade de cantar.

Não fui a presidente da Petrobras, nem a juíza do Supremo. Que profissão fui escolher? Nenhuma. O que eu faço é uma profissão? Se é, é muito peculiar. Bom, tenho clientes, um método de trabalho, desenvolvo técnicas, teorizo e tenho agenda. Só isso basta? E eu amo fazer. E de alguma forma existe demanda. E não, não preciso da aprovação da opinião pública, nem da sociedade em geral, embora eu tenha sido meio Goya, esperando ansiosa pela salvação das luzes e da civilização e vindo a cair no lodo das cores negras. Serviu para voltar para dentro de mim de novo, regionalizar meus sentidos. Eu por mim, na minha cruzada pessoal. Estou livre de novo, de tudo. Das tradições e da modernidade. Era isso que eu precisava. É o meu trabalho. MEU. Meu trabalho é meu escravo: só deve explicações a mim e deve me fazer mais lúcida, livre e alegre.

Faz um tempo que a minha negação do ócio se tornou algo muito próprio. *Dominatrix brasileira*. Lembro das discussões que surgiram em sites de relacionamento fetichistas, comunidades BDSM e afins sobre a Dominadora fazer sexo ou não. Cada um faz o que quer, porra. Que vá todo mundo à merda, não dito códigos a ninguém, só aos meus escravos. Tenho meu próprio reino, e nele eu dou as regras. Surgem as nuvens de novo no céu, ah, que bom. Mas estou chegando.

"Oi, Paulo, sou eu. Tou subindo."

O consultório já nem tinha mais secretária. Talvez não fosse mesmo preciso, tão pouca gente ia lá. Eu mesma ainda frequentava porque era uma forma de medir poder com ele, conversar, um amigo profissional. Falar de um jeito e ele falar a mesma coisa de outra forma. Disparar conceitos absurdos e ele ordenar e formar um discurso, me dando o alívio da apropriação de si mesmo. Um outro jogo, ao qual eu me submetia por vontade própria.

Sim, é verdade, você tem razão. É, não tinha pensado dessa forma.

E tudo aquilo era parte de um processo: eu fazia terapia. Não sei bem explicar para que isso serve, são teorias e hipóteses sobre hipóteses... Mas era bom estar com ele.

Ele tinha os namorados dele e às vezes me contava. Um dia, antes de me apresentar um caso, adiantou: "É gordo, hein? É gordo, mas é legal." Grande coisa, vi que se davam bem... O gordinho era apaixonado, e ele mandava e desmandava naquele monte de banha. Às vezes eu ficava com pena do jeito que ele tratava o moço.

Numa das noitadas fui ter um particular com ele.

"É que estou sentindo falta de ser comido. O cara não faz nada, porra! Tá me irritando. Eu que faço tudo. E vive com vergonha da barriga, falando que vai fazer exercício, caminhar, sei lá o que... Por que não vai, merda? Enche o saco."

"Eu te como bem gostoso."

"Cala a boca, Dommenique. Não fala isso."

"Quê? Tá me mandando calar a boca? Tá mal comido mesmo... hahaha. Eu não. Tenho um monte de pau à minha disposição. Eu que não tou a fim. Não gosto de ficar no blablablá na balada e depois dar umazinha e pronto. Dura cinco minutos e é muito chato. Fico nas minhas sessões. O dinheiro entra na minha conta todo mês, e eu fico satisfeita do jeito que eu quero, com ou sem penetração."

"Ah, cala a boca de novo, sua louca; acaba comigo, né."

Rimos. Sei que o namoro não durou muito tempo.

Abriu a porta com cara de sono.

"Oi, Domme, tá legal?"

"Tou, tou bem. Meio irritada, é a época. Hormônios a mil, negativos, cortisol alteradésimo, tudo pirando. E muitas perguntas sem resposta. Mas não quero falar disso. Nem conseguiria. Vamos conversar, quero pensar em outra coisa agora."

"Eu não tou muito bem, não... Numa dor de cabeça..." Virou-se para mim e estendeu o braço: "Ó, pega teu café."

Sentei no meu sofá.

Ele não parecia bem mesmo.

"A Jéssica, me enchendo o saco de novo. Pedindo dinheiro, incomodando. Ela sabe que no final eu ajudo, essa é a merda. Passei a noite bebendo e preocupado, aí vem aquela baboseira toda na cabeça."

Paulo tinha uma ex-mulher. Se separaram quando ela o pegou com outro cara num chupa-chupa. A mulher enlouqueceu, ele teve que abrir o jogo, a coisa toda aconteceu assim. Ruiu o castelinho de areia. Quando a ex cheirava, ficava ligando pra ele, ou em pânico, ou raivosa, ou apaixonada, a madrugada toda. Ele pegava o carro e ia atrás dela para resgatá-la na calçada de qualquer lugar. Obviamente ele sentia culpa.

Era um cara bem indeciso. A gente saía muito junto. Olhava a bunda das mulheres e dos homens. Me contava, dentro da madrugada, que não gostava dessa indecisão. Era gay? Hétero? Queria decidir.

Sentado na ponta da mesa, cruzou os braços e suspirou.

"Eu tou me incomodando demais com isso. Vendo filme de trava e a Jéssica ligando. Olhando pra trava, era uma mulher" — soltou um riso irônico —, "não conseguia decidir se olhava pro pau dela ou pros peitos e pra cara de cadela."

"Mas pra que decidir?"

"Pra mim não tem essa de ser bi. Ou você tá de um lado, ou tá de outro."

"Bá, que besteira tu tá falando, Paulo. Não tou dizendo que é errado ficar indeciso... mas a ponto de se incomodar com isso, de obrigatoriamente ter que escolher, aí já é demais. Relaxa."

"Você vem me falar em relaxar?"

"Eu falo mesmo, já relaxei um monte."

"Meu, já relaxou porque já escolheu o que você quer."

"Tu é um psiquiatra de merda mesmo... Hahaha!!! Não escolhi o que eu quero, eu simplesmente relaxei. O que acontecer, aconteceu."

Ele ficou quieto. Talvez nem estivesse prestando atenção ao que eu falava.

"E você, como foi a semana?"

"Essa semana atendi um cara que, putz... Muito chato. Mandei embora no meio da sessão. Uma sissy louca. Entrou em casa, já tínhamos conversado, acertado tudo. Coloquei um aviso no site de que não quero mais fazer sessão com pessoas novas, só manter meus relacionamentos fixos. Mas ele foi bem insistente — e convincente! Convincente como um psicopata. Já vinha me rondando pelo Facebook, mandando e-mails superelaborados, falando que era o sonho dele me servir, que as mulheres são deusas e aquele blablablá todo. Joguei o preço lá em cima, e ele aceitou mesmo assim. E eu tinha umas coisas pra arrumar na casa, estava num dia bem-humorado e pensei: por que não?"

"Se ferrou, né?"

"Me ferrei."

"Entrou em casa, conversamos sobre restrições, sobre fetiches, uma introdução. Expliquei sobre a palavra de segurança. Abri um leque de possibilidades dentro das restrições que ele havia me dito. O fato de ter restrições não torna a cena mecânica, existe uma gama de coisas que você pode fazer enquanto a cena vai desenrolando.

"Com tudo acertado, mandei que vestisse a roupa de empregada. Estava ali, afinal de contas, pra fazer o que eu quisesse; e eu não estava muito a fim de conversa. Mas provavelmente ele veio com uma cena pronta na cabeça, e não necessariamente para me servir. Enfim, lavou minha louça, deu uma limpada no banheiro sob minha supervisão. Eu ali, linda, Senhora, altiva. Começou a limpar minhas roupas de látex e eu comecei a gostar, a entrar no clima, e obviamente a tratá-lo como uma empregada, uma sissy empregadinha. O objetivo era aquele mesmo, e estava tudo ok. Até que a danada para e olha pra minha cara dizendo:

"'Bom, vamos terminar por aqui.'

"'Terminar por aqui? Não devia nem ter vindo. Ficou me importunando um milhão de vezes pra no final fazer o que você quer?'

"'É que eu não consigo. Chega uma hora que eu vou enjoando e não quero mais.'

"'Tá vendo todos aqueles sapatos? Deixou tudo atirado.'

"'Eu sei, me desculpe.'

"'Me desculpe nada.'

"Com raiva de verdade parti pra cima dele, que empregada impertinente! Peguei a palmatória e ouvi:

"'Azul.'

"A palavra de segurança. Filho da puta miserável. Por isso eu odeio essas peculiaridades da dominação profissional. Por isso não atendo mais ninguém, apenas sob uma indicação ou análise muito, muito detalhada. Por isso mantenho meus relacionamentos e sou muito feliz só com eles, expandindo limites. Não sou uma prestadora de serviço.

"Ele fez menção de abrir a carteira pra me pagar e, na maior calma, sentei no sofá muito relaxada e mandei que levasse aquela porcaria de dinheiro com ele. E que aproveitasse pra comprar um consolo, pois, se veio para eu fazer o que ele queria, estava muito enganado."

"Domme, está muito claro o que ele queria, você sabe."

"É, sei, ser comido. Mas eu não queria, não estava a fim de comer cu. Estava agindo de forma natural, fazendo o que eu queria fazer. Com a Alicinha a coisa começou do mesmo jeito, e olha ela aí comigo até hoje. E outra: muitas vezes um homem não encara uma sessão profissional pelo que ela representa. É uma sessão profissional explícita, sem a existência de uma narrativa emocional entre os dois, que nos uniu até aquele momento. Cada um tem a sua, e deve trazê-la consigo... mas que não pensem que eu sou a carne da figura idealizada. Na sessão de ontem isso aconteceu, e de forma tão profunda que me deixou perplexa; mas é raro. O cara já deve vir preparado para se abrir e se submeter, assim como eu estarei preparada para dominar. Não saio dominando qualquer um na rua, é insano. Claro que eu dei sorte nos meus relacionamentos... Eles sabem que eu sou natural e que o que eu faço é por vontade, não para agradá-los. Mas todos tiveram a primeira vez comigo, mais crua, mais pontual. Tive prazer porque conheço meu corpo e apliquei técnicas que eu sabia que provocariam respostas estimulantes; que me fariam crescer em poder e exigir mais e mais. Tem gente que tem aversão a sessão profissional. Já chegaram a me perguntar: mas se você não faz mais sessões com escravos novos, não faria uma comigo apenas por prazer? Mas como assim?!? Eu SEMPRE faço por prazer, sendo paga ou não. Quem deixou de fazer sessão comigo por eu ser profissional, sinto muito, perdeu. Hoje poderia ser um escravo pessoal, como muitos que eu tenho. Bom, já te falei deles, tu sabe."

"Arram."

"Há um tempo, antes de eu te conhecer, tive um perrengue com um suposto bondagista. O sujeito chegou que era pura animação: 'Nossa, eu amo bondage, quero muito ficar preso dos pés à cabeça naquele saco de couro! E tenho bastante experiência, sou muito fetichista; quero que me esqueça em algum canto, quero que seja real!' Eu ri e pensei — e falei: 'Mas é real.'

"Ele entrou em casa e estávamos na maior expectativa. Bondage é o que eu mais gosto de fazer, e com ele tão receptivo fiquei superenérgica, excitada. Um cara legal, conversa boa, acertamos as restrições. Só não podia ficar com marcas, mas queria ficar completamente preso e esquecido. Notei que ele não levava muita fé que sentiria aquilo de verdade, e começamos na brincadeira. Mostrei os acessórios pra ele.

"'Vamos começar?'

"'Vamos.'

"'Quero que me amordace por baixo da máscara de escapologia.'

"'Não' — retruquei — 'não vou fazer isso. Não te conheço. E tu nunca usou uma máscara dessas.'

"Ele deu uma piscadinha, me pedindo com os olhos, tipo, vamos lá, eu consigo. Eu fui categórica:

"'Vamos fazer tudo, mas sem mordaça. E vou te dar uma palavra de segurança.'

"Enfim, lá estava ele no chão da sala, totalmente preso, afivelado, mascarado. Dei meia volta e saí, deixando o cara sozinho. Mas não tirei os olhos dele. Dito e feito. Não contei dois minutos e ouvi um grito. Um grito mesmo, para fazer ouvir quem estivesse muito longe.

"Em dois segundo eu falei: 'Tou aqui, fica calmo, eu não saí daqui.' E ele, desesperado:

"'Tira tira, tou passando mal.'

"'Calma, não vai acontecer nada. Respira.' Soltei a máscara superrápido.

"'Não rolou', me disse o imbecil. Na hora fiquei com raiva, e ele viu a minha cara. Orgulhoso e com vergonha da merda que fez, nem desculpas pediu.

"Soltei ele. Sentado ao meu lado no sofá, ainda queria dar explicações:

"'Não sei o que aconteceu, sei lá... não rolou.'

"'Eu sei. Tu não tem experiência. Mentiu.'

"'Mas eu não pensei que fosse assim.'

"'Mas não expliquei antes? Não mostrei?'

"'Sim, é igual nos filmes, acho muito leg...'

"'Pois esse é o problema, meu querido: você vê muitos filmes. Quem faz o filme tem experiência. E outra, tu é voyeur, tu tem prazer vendo filme. Praticar não é exatamente a tua praia.'

"Aquele discurso todo, de que tinha praticado com namoradas, era muito experiente, sem baixar a crista e admitir que tinha me prometido um prazer e não cumpriu me fez levantar de súbito:

"'Tá certo, ok. Eu tenho outras coisas pra fazer.'

"'Ah, claro. Deixa eu te pagar, né?'

"'Com certeza. Me fez perder tempo.'

Paulo já estava sentado atrás da mesa, olhando fixamente para mim. Baixou os olhos. Girou a caneta entre as mãos, sem tirar os olhos dela, perguntou em tom casual:

"Veio de calcinha hoje, ao menos?"

"Sim, só saio sem calcinha à noite, hahaha... Eu nun..."

Não deixou eu terminar de falar:

"Tira ela pra mim, Domme."

Epilogo

Fazia tempo que aquilo não era terapia. A gente se encontrava no mercado, algumas festas, eu ligava para ele, ele para mim, a gente conversava bastante. Eu ia a qualquer horário no consultório para uma "sessão". E pagar eu já não pagava há muito tempo, pois ele disse que sabia da minha necessidade e faria por prazer.

O pensamento me cortou num raio. E me pareceu muito familiar. Necessidade. Prazer. A calcinha. Pedindo para eu tirar a calcinha para ele. Pedindo?

"Tira a calcinha pra mim, Domme."

Na mesmo hora, sentada mesmo, desci a calcinha por baixo da saia, empurrei até os joelhos e ela caiu até os pés. Ele largou a caneta na mesa e com muito cuidado alinhou-a bem certinha em cima da mesa, bem no centro. Puxou os dois braços, juntou as mãos apoiadas no vão da cadeira entre as pernas abertas e baixou a cabeça. Levantou o olhar displicentemente e fixou-o no meio das minhas pernas, apertou as pálpebras procurando ver alguma coisa na sombra escura por baixo do vestido.

"Você é safada, só quer saber de sexo."

Eu abri um pouco mais as pernas, até o limite da calcinha, que continuava nos tornozelos, e dos braços da poltrona. Ele apertou mais os olhos e, depois de um risinho sarcástico, ficou sério.

"Não vai ver nada daí. E a safada tá sem calcinha."

"Você é vadia mesmo. Isso se o que você me fala é verdade. Pra mim parece uma mulher normal."

E o que eu teria de anormal?, pensei comigo. Continuei relaxada, com as pernas abertas. Estiquei as costas dando um suspiro de satisfação, apoiei os braços na poltrona e espalmei bem as mãos, admirando minhas unhas compridas.

Paulo levantou devagar.

"Tu trepou ontem a noite? Usou camisinha?"

"Não."

"Ai, que merda... por que tão..."

Ele balançou a cabeça e apertou os lábios, cerrando os dentes.

"Deve tá com o cheiro do macho impregnado na boceta."

Eu dei de ombros.

"E agora, não vai mandar eu fazer nada?", perguntou.

"Não, faz o que tu quiser. Tu começou, agora termina. Eu não tenho o mínimo tesão em ti mesmo... Não vou nem prestar atenção. Se eu quisesse, já teria feito alguma coisa."

Ele continuou me olhando por alguns segundos, eu realmente não estava nem aí. O máximo que iria acontecer era um sexo bem pegado. E isso era bom. Ele ia me bater? Me dar um tiro? Ia nada... E, se entrasse numas de me esculachar, eu simplesmente levantaria a bunda do sofá e tchau.

Ele gostava. Adorava ouvir as minhas histórias. Vivia perguntando o tamanho dos paus, o que eu fiz, se eu tinha saído, que roupa eu estava usando, se tinha trepado, se tinha usado camisinha. Numa das vezes que eu falei de um encontro que foi ótimo para mim ele me contou que já tinha sido casado e que gostava de mulher: "Mas não todas. Só algumas me atraem." Pois é. Só alguns homens me atraem também.

Ficou ali, parado. Não sei se estava olhando pra mim. De repente se levantou e veio em minha direção, deitou-se no chão e enfiou a cara na minha calcinha. Cheirou bem fundo, pegou ar, cheirou mais e mais. Ficou de joelhos, puxou meu corpo com as mãos por trás dos meus joelhos e meteu a cabeça no meio das minhas pernas, dentro do vestido.

Senti o hálito quente dele e uma fungada na minha vagina.

"Vadia" — ouvi o som abafado —, "você deu mesmo."

Aí ele abriu o cinto, baixou a calça e tirou o pau para fora da cueca.

"Como é que você pode ser assim, sua vadia?", falou lá de dentro. "Olha só o cheiro de macho que tá nessa boceta! Pra estar forte o cara esporrou aí dentro mesmo!"

E fungava cada vez mais fundo, batendo punheta só na cabeça do pau.

Eu ria. Que cheirasse. Nem molhada eu fiquei. Além de puto, era corno.

"Vadia... vadiaaa..."

Tirou a cabeça de dentro da minha saia e, sem olhar para mim, pegou meus tornozelos, levantou um por um e tirou minha calcinha. Arriou as calças, tirou os sapatos e ficou nu, só de camiseta. Não me surpreendi quando vestiu com dificuldade a minha calcinha, que amassou o saco e marcou fundo os quadris. Ajoelhou-se, me puxou mais para frente e abriu bem as minhas pernas, enfiou fundo a língua na minha vagina seca pra tirar tudo lá de dentro, batendo punheta feito um doido, apertando a cabeça do pau e arregaçando bem a bunda. Logo ouvi ele gemer e gozar:

"Ahhhh... anh.. anh... anh... filha da puta... safada..."

"Tu não sabe é se quer o lugar da mulher safada ou do homem corno e puto..." Eu ria.

Ele não falou nada. Saiu com a minha calcinha, que nele ficava minúscula, pegou um pedaço de papel higiênico e limpou o chão. Não estava se sentindo muito bem, dava para ver pela cara dele. Bem preocupado o meu amigo.

"Pode pegar a calcinha pra ti... Desenruga essa testa. Eu tou indo, tenho um encontro bem legal daqui a pouco e vou me arrumar."

"Eu ia mesmo te pedir ela", falou, virando o pescoço pra acompanhar minha saída. "Vai amanhã lá no sarau, né?"

Parei na porta, e me virei pra ele:

"Vou sim, Paulo... É mesmo, eu tinha esquecido. Bom, vamos fazer assim: me dá um toque quando estiver saindo daqui que eu já fico pronta e tu me dá uma carona, pode ser?"

"Sim. Te mando uma mensagem, Domme."

"Beijo, meu amor, fui!"

E bati a porta atrás de mim.

A noite mandei um e-mail para ele:

Oi querido

Tu gozou ontem e não teve prazer. E um gozo deve ser um gozo, de gozar a vida, de gozar o momento, o presente, estar lúcido e não em um emaranhado de pensamentos. Acho que você tem que parar de fazer sessões, assim como eu. Dar uma descansada na cabeça. Tu sabe, até eu chegar ao ponto de fechar a senzala, tive muitos momentos bons, com pessoas com quem me relaciono até hoje, mas também houve muitas horas ruins, de pura ansiedade e sensação de que algo estava errado. Às vezes eu só executava a fantasia dos outros e ganhava pra isso, afinal era um esquema profissional e eu achei que me encaixaria. Sou perfeccionista, TINHA que fazer um trabalho primoroso. O cara pagava caro, e eu executava no mais alto nível. Acho muito lógica essa troca. Se está cobrando, que faça bem feito; se quer um serviço, tem que pagar. Quando tinha algo de que eu não gostava, fazia bem feito, mas me sentia mal. Depois, não me permiti continuar fazendo, muito menos fazer malfeito. Simplesmente parei de fazer — e de ganhar. Contigo está acontecendo o mesmo.

Eu quero é conhecer pessoas como eu, que gostam das coisas de que eu gosto, e com elas me comunicar de verdade. Compartilhar. Sem paranoia, sem burocracia. Gosto de me exibir, gosto de algumas práticas de BDSM e sou fetichista. Vou fazer sessões só se quiser e quando eu quiser. Esse era meu plano inicial, mas me deixei levar. Se dinheiro me der prazer, vou exigir dinheiro, como exijo que limpem meus sapatos, senão não. O resto é o resto.

Quando me dei conta de que a vida não é porvir, quando desliguei o futuro e a obrigação de tomar decisões a longo prazo, a coisa começou a dar certo. A gente é infinitamente pequeno, com subjetividade, perspectiva, contraditório e absurdo. Tive que admitir o incontrolável.

Não esquece de mim amanhã!

Dommenique

Lembro que ganhei os CDs do *Balão Mágico*, que ficavam num canto, e ouvia duas ou três vezes seguidas o dos Pholhas, The Platters e *Anos Dourados*, até decorar todas aquelas músicas. Tinha uns seis anos e choraaaaava, sem entender o que diziam. No fone de ouvido, para ser só eu e eles. E tinha ela, uma fita gravada com várias músicas que eu vi dando sopa num banco de camping e peguei para mim, em 1986. A música de que eu mais gostava, sem saber de quem era a voz em todas as outras da fita cassete preta? "Absolute

Beginners". Ela crescia, e eu junto! Não sabia quem era o cantor, mas pensava mais ainda em *quem* havia perdido aquilo. O cantor eu descobri, David Bowie, mas aquela pessoa é meu mistério particular, meu tesouro, só meu. Faça o favor de nunca botar sua cara na frente da minha, quero que continue incógnita, mascarada. Me faz muito feliz assim. Adoro você, te amo por isso.

Hoje, uma tarde de memórias. Resolvi escrever.

Este livro foi composto em
Perpetua para a Leya
e impresso pela Geográfica
em novembro de 2012.